# LES SECRETS DE **L'INTELLIGENCE** ANIMALE

Direction de la publication
Isabelle Jeuge-Maynart et Ghislaine Stora

Direction éditoriale
Catherine Delprat

Édition
Liza Person-Lisiecki

Lecture-correction
Sylvie Rouge-Pullon

Conception graphique et mise en pages
Nord-Compo, Villeneuve-d'Ascq

Couverture
Valentine Antenni

Fabrication
Donia Faiz


ISBN : 978-2-03-594638-6

Université d'été de l'animal
Sous la direction de **Yolaine de la Bigne**
Préface de Pascal Picq

# LES SECRETS DE **L'INTELLIGENCE** ANIMALE

LAROUSSE

# Sommaire

**Pascal Picq**
Préface. . . . . . . . . . . . . . . . . . . . . . . . . . . . . . . . . . 5

**Sabrina et Jean-Michel Krief**
Les singes médecins . . . . . . . . . . . . . . . . . . . . . . . . . 13

**Pierre Jouventin**
Entre chien et loup : l'histoire de deux cousins. . . . . . 55

**Christine Rollard**
Approche soyeuse sur les capacités des « aragnes ». . . 95

**Anne-Claire Gagnon**
Entre espièglerie et sagesse,
vivre en bonne intelligence avec les chats . . . . . . . . . 135

**Chris Herzfeld**
Adoptions interspécifiques et intelligences
partagées : cinq chimpanzés en famille. . . . . . . . . . . 157

**Bernard Séret**
Les requins sont-ils intelligents ? . . . . . . . . . . . . . . . . 199

**Yolaine de la Bigne**
Conclusion . . . . . . . . . . . . . . . . . . . . . . . . . . . . . . 233

Bibliographie. . . . . . . . . . . . . . . . . . . . . . . . . . . . . 239

Index . . . . . . . . . . . . . . . . . . . . . . . . . . . . . . . . . . 241

# Préface

**Pascal Picq**

*Parrain de l'Université d'été de l'animal*

# Intelligences animales et phobies humaines

Dans son autobiographie, Charles Darwin évoque sa jeunesse et le long cheminement de sa pensée à l'encontre des croyances qu'on lui a enseignées. Lui qui dut apprendre la théologie naturelle de William Paley, cette conception d'une nature aussi merveilleuse qu'idéalisée – donc fixiste – pour entrer à Cambridge, finit par glisser sur le chemin de l'agnosticisme en découvrant ce que sont vraiment les animaux et la nature. Il s'interroge sur ce que les savants appellent l'instinct des animaux et arrive à cette conclusion à propos des humains : à force de répéter les mêmes vérités, cela finit par devenir instinctif. Évidemment, Darwin n'a jamais occupé de poste universitaire, ce qu'il n'a jamais sollicité – et ce que l'université s'est bien gardée de lui demander. Il aurait aimé ces universités d'été au château de la Bourbansais, hors des cadres institutionnels figés où on découvre que les animaux ne sont pas ancrés dans leurs instincts, sinon, ils ne pourraient pas s'adapter, tandis que les humains restent bloqués dans leurs ontologies dualistes et leurs phobies. Tous ces instincts humains envers les animaux ne proviennent pas de nos gènes, et encore moins de la réminiscence d'adaptations ancestrales pour la survie de nos ancêtres préhistoriques ; mais ils sont forgés par le conditionnement culturel au sens le plus behavioriste de nos enseignements, ce que le philosophe Peter Sloterdijk appelle « Les règles pour le parc humain ». On a le zoo qu'on mérite.

Commençons dans nos maisons où on accuse les araignées de toutes les sortes de morsures (confondues avec les piqûres d'autres bestioles bien moins recommandables). Les arachnoïdes représentent un trésor de biodiversité et sont nos amies efficaces pour limiter les populations des insectes qui se délectent de notre peau. Elles méritent vraiment d'être reconnues pour ce qu'elles sont et ce qu'elles font. Quand elles rentrent dans nos maisons à l'automne, ce n'est pas pour nous dévorer, mais parce que les mâles sont en quête de leurs belles pour une étreinte à huit pattes. Quand on sait tout cela grâce à Christine Rollard, nos phobies se libèrent de la toile de nos préjugés. Il en va de même avec les requins, les mal-aimés des océans et des mers. Alors que des millions de requins sont massacrés pour faire de la soupe d'ailerons, la planète entière panique par ce qu'un surfeur n'a pas respecté les consignes de sécurité. Alors, on propose de les éradiquer plutôt que d'apprendre à des imbéciles à respecter la vie ensemble. Bernard Séret nous fait découvrir la richesse d'un autre « grand bleu » bien plus fascinant que celui de nos chers dauphins. Et si vous voulez entrer dans une relation sensuelle avec les requins, lisez le magnifique roman d'amour de Christophe

Ono-dit-Biot, *Plonger*[1]. Il en va de même avec les loups, accusés de tous les sévices qui affectent nos troupeaux de moutons et de brebis. S'il ne fait aucun doute que le loup est un loup pour le mouton, il ne l'est pas pour l'homme. Pierre Jouventin narre sa vie familiale avec la louve Kamala ; un joli prénom donné à une enfant-loup retrouvée en Inde il y a plus d'un siècle. Ce récit de la part d'un éthologue chevronné va à l'encontre d'une tradition scientifique qui se méfie – comme du loup – des interprétations données par des personnes ayant vécu avec un animal sauvage. On craint les deux péchés capitaux de l'éthologue : l'anthropomorphisme et la subjectivité. Mais là, ce n'est pas une histoire du « chien à sa mémère » mais de la louve avec sa famille humaine. Une histoire magnifique tissée de l'intelligence du respect de l'autre grâce à la connaissance de l'autre. C'est ce qui a dû se passer il y a plus de trente mille ans quand des loups et des hommes décidèrent de joindre leurs compétences. Dès lors, aucune espèce, même des plus redoutables, ne put leur résister. Ce n'est peut-être pas l'homme qui a domestiqué le loup, mais le loup qui est venu à l'homme. C'est un peu comme les chats, qui décidèrent de s'installer dans nos maisons pour y trouver gîte, confort et nourriture. Anne-Claire Gagnon nous invite à prendre le regard du chat sur nos vies domestiques. En fait, on ignorait qu'un animal éthologue observait avec autant de fausse distance et de feinte indifférence nos faits et gestes quotidiens. Le chat se distingue comme le meilleur spécialiste des mœurs humaines, un modèle pour les écoles d'éthologie.

1. Folio n° 5885, Gallimard, 2015.

Les éthologues des grands singes en savent quelque chose car les chimpanzés sont tellement humains qu'il est très difficile de garder la bonne distance. Si on les humanise trop au point d'en faire des enfants innocents des origines de l'humanité, si on ne se comporte pas comme Pierre Jouventin avec Kamala, on s'enfonce dans la tragédie humaine. Chris Herzfeld raconte tous ces drames, à l'instar de celui vécu pas la famille de Léo Ferré, génial poète-chanteur dont une des plus belles chansons est « Pépée », en hommage à son chimpanzé mort. N'en déplaise aux rousseauistes naïfs, un chimpanzé et un enfant s'éduquent dans le respect de la vie ensemble et de leurs identités respectives. Ces relations entre les chimpanzés et les hommes ne sont pas plus faciles dans les environnements naturels. Sabrina Krief, à la fois ambassadrice et évangéliste de la cause des chimpanzés, nous montre combien les interactions entres ces grands singes et les humains se tissent de drames individuels. Là aussi à cause des activités des hommes qui, le plus souvent, ignorent les conséquences mortifères de leurs habitudes sur les chimpanzés, qu'elles soient ancestrales et culturelles pour les unes ou nouvelles et dévastatrices pour les autres, avec les nouveaux modes d'exploitation des forêts. Il ne sert à rien de fustiger les humains ou d'accuser les chimpanzés ; il faut apprendre à nous connaître pour reconstruire de vraies communautés écologiques du vivre ensemble.

Par-delà tous les anathèmes dualistes proférés par les savants glosant sur l'animal – sans jamais le définir – du haut de leurs chaires en les murs des universités, il existe deux moyens de communiquer avec les animaux :

les émotions et l'intelligence artificielle. Cécile Gilbert-Kawano[2] nous a montré *in vivo* comment, en réponse à des comportements corporels attentionnés, un cheval pouvait rompre son indifférence envers une personne... et sa passion pour brouter de la bonne herbe bretonne pour venir à vous ; et, dans un deuxième temps, comment l'appliquer entre humains. (J'étais très heureux car j'avais appris à mes enfants, cavaliers comme leurs parents, à ne jamais pénétrer dans un box brutalement, mais de s'installer tranquillement devant la porte jusqu'à ce que le cheval vienne s'informer de leur présence. Pour l'anecdote, mon petit-fils, âgé de 3 ans, était avec nous à La Bourbansais. Il a observé Cécile. Or le lendemain, un faucon du zoo était resté sur la pelouse. Et j'ai vu mon petit-fils appliquer la méthode jusqu'à ce que le rapace l'invite à le toucher. Une leçon de langage interspécifique universel.) Et bientôt, nous pourrons communiquer avec les animaux grâce à l'intelligence artificielle. Robin Meier[3] compte parmi ces rares magiciens qui ouvrent de nouvelles voies entre les intelligences humaines, animales et artificielle. Il touche à un de mes credo : si nous ne sommes pas capables de comprendre les intelligences animales, nous serons démunis face aux intelligences artificielles. Les rythmes et les prosodies sont les vecteurs de toutes les communications – même les plantes y sont sensibles. De quoi y perdre notre logos, diront certains. Nullement, car les éthologues et les poètes le savent, par-delà notre merveilleux langage et les mots, la communication embrasse tous nos sens, toutes nos attitudes et tous nos mouvements.

---

2. À découvrir sur le site lanimaletlhomme.com
3. Un travail sonore disponible sur le même site.

Tels sont les songes animaux de ces belles journées d'une fin d'été au château de la Bourbansais, et à l'invitation d'Olivier de Lorgeril. Sa bonne fée Yolaine de La Bigne n'a pas d'araignée au plafond ; elle n'est pas un requin, car non universitaire ; elle est une louve protectrice de sa meute d'amis des animaux ; elle est d'une affection de bonobo et d'une intelligence de chimpanzé ; elle ronronne comme un chat en écoutant les communications ; elle s'émeut des épouillages entre les chercheurs et le public, et son empathie tout animale n'a rien d'artificiel. Bref, elle fait partie de ces magnifiques personnalités qu'affectionnait Darwin pour construire son œuvre, de ces amateurs qui, à l'instar de Jane Goodall, dépourvus de diplômes et donc de hauts instincts, s'ouvrent à l'enchantement du monde, une condition première propre à tous les grands scientifiques. Darwin clôture *L'Origine des espèces* par cette phrase « ... n'y a-t-il pas une véritable grandeur dans cette manière d'envisager la vie ». S'il y a une véritable noblesse de l'homme, ce sera bien dans sa manière de connaître et de respecter les animaux, à la fois pour ce qu'ils sont, et aussi par ce qu'ils partagent de nous au fil de l'évolution. C'est la belle leçon humaniste que nous offrent chaque année Yolaine et Olivier : noblesse oblige.

# Les singes médecins

## Sabrina et Jean-Michel Krief

*Sabrina est primatologue et professeur au Museum national d'Histoire naturelle, Jean-Michel est photographe*

Par ce texte, nous souhaitons partager les instants de nos vies qui nous ont fait découvrir l'intelligence des chimpanzés, ces moments incroyables où leur comportement nous a révélé la formidable perception qu'ils ont de leur environnement, tous ces jours passés à analyser les données, les plantes, les échantillons collectés à leurs côtés et les résultats qui ont révélé leur fabuleuse adaptation, leur symbiose avec la forêt ou encore leur réactivité face aux menaces que leurs plus proches parents les humains leur infligent.

Pour cela, nous allons vous emmener en forêt tropicale sur la piste des grands singes, et vous raconterons à la fois notre parcours avec eux et notre travail commun : comment un travail de recherche et un travail autour de l'image peuvent être conciliés pour mieux les comprendre, mieux les connaître, et surtout les protéger.

## Les chimpanzés, nos frères menacés

**Sabrina :** aujourd'hui vivent sur notre planète deux espèces de gorilles, le gorille de l'Est et le gorille de l'Ouest, trois espèces d'orangs-outans, l'orang-outan de Bornéo, l'orang-outan de Sumatra et celui récemment découvert de Tapanuli, et deux espèces de chimpanzés, le chimpanzé commun et le bonobo. Sept espèces de grands singes qui, avec l'homme, constituent la famille des hominidés parmi 500 espèces de primates ! Ils se caractérisent bien sûr par leur grande taille, l'absence de queue, leur gros cerveau rapporté à leur corpulence, mais aussi le fait qu'ils construisent chaque soir un nid, ou encore qu'ils ne marchent pas sur la paume de leurs mains mais sur leurs phalanges. La diversité spécifique au sein des primates est fascinante… Et même chez les hominidés, chaque espèce est vraiment unique en termes de vie sociale, de régime alimentaire, de comportement en général. Quatre de ces espèces de grands singes vivent en Afrique, les gorilles et les chimpanzés. Alors que les orangs-outans vivent en Asie du Sud-Est, sont insulaires et subsistent sur les deux îles de Bornéo et Sumatra. Le chimpanzé est présent dans vingt et un pays d'Afrique et sa distribution géographique est bien plus large que celle des gorilles de l'Ouest et les gorilles de l'Est. Quant aux bonobos, ils ne vivent que dans un seul des pays d'Afrique, en République démocratique du Congo. On dit qu'ils en sont endémiques. Ils ne partagent leur habitat ni avec les chimpanzés ni avec les gorilles.

Mais cette vaste distribution géographique est-elle synonyme de grands effectifs ? Malheureusement non, ces sept espèces sont menacées. Les chimpanzés sont ceux qui ont encore le plus grand nombre de représentants, avec pourtant seulement 300 000 individus sur l'ensemble de ces vingt et un pays en milieu naturel. Et à peine 20 000 individus représentent les bonobos, alors que les effectifs des gorilles de l'Ouest et de l'Est sont eux aussi extrêmement réduits.

Le cas des orangs-outans est aussi très inquiétant : à Sumatra, moins de 10 000 individus, 800 individus seulement pour la nouvelle espèce probablement, et quelques dizaines de milliers aussi à Bornéo. Ces chiffres sont très approximatifs, car dénombrer les grands singes est extrêmement compliqué. En Afrique, les régions où ils vivent sont soit en conflit, soit difficiles d'accès. Par ailleurs, la méthode pour les dénombrer consiste à recenser leurs nids, un travail de titan ! Il faut ouvrir des transects dans la forêt tropicale, c'est-à-dire des chemins rectilignes d'une longueur donnée, quel que soit le relief ou le terrain. Puis marcher à un rythme constant le long de ce transect en tentant de distinguer de part et d'autre les nids de grands singes, sachant que chaque individu adulte en construit un tous les soirs.

## Nous sommes responsables de leur disparition

Ainsi, notre objectif est de connaître, mais surtout de protéger ces grands singes qui sont menacés de disparaître dans un futur proche. Les gorilles et les orangs-outans sont en danger critique d'extinction, selon la liste rouge de l'UICN (Union internationale pour la conservation de la nature), ce qui signifie que d'ici une dizaine ou une quinzaine d'années ils pourraient avoir complètement disparu en milieu sauvage, si les tendances ne s'inversent pas. Il n'est pas question d'attendre cinq ans de plus pour agir, et de se dire « voyons s'il y a quelque chose à faire... ». C'est aujourd'hui qu'il faut entreprendre des actions. Quant aux chimpanzés, ils sont également en danger, et d'ici vingt à trente ans, ils pourraient eux aussi avoir disparu du milieu naturel.

Les principales menaces qui les affectent sont la perte de leur habitat, donc la déforestation, bien sûr, mais aussi une simple fragmentation de cet habitat qui empêche les flux et les déplacements des individus. Puisque c'est leur grande taille qui caractérise les grands singes, leur longue durée de vie avec des traits d'histoires de vie, donc des histoires de vie très proches de celles des humains, ils ont besoin d'habitats riches en ressources alimentaires. Un chimpanzé vit jusqu'à 60 ou 70 ans en milieu naturel, une femelle quitte son groupe de naissance et migre à l'adolescence vers 13 ou 14 ans, elle devient adulte vers 15 ans, âge auquel elle aura son premier bébé. L'enfant reste avec sa mère jusqu'à 10 ou 12 ans, et une femelle va avoir trois à quatre enfants dans sa vie. Ce rythme de reproduction lent permet de comprendre l'impact du braconnage sur les adultes et celui de la disparition d'une mère. Aujourd'hui, on considère qu'il y a environ 10 millions d'hectares de forêt tropicale qui disparaissent chaque année, ce qui correspond à 32 millions d'individus primates, ou encore à 123 000 tonnes de singes victimes de cette fragmentation de l'habitat.

La seconde menace qui décime les grands singes est le braconnage, pratiqué localement pour se procurer de la viande de brousse, mais pas uniquement : en effet, il existe encore aujourd'hui un important trafic d'individus vivants, donc de jeunes chimpanzés et orangs-outans qui sont prélevés en milieu naturel pour alimenter des parcs d'attractions de façon illégale. Eh oui, il y a encore aujourd'hui de nombreux parcs qui s'approvisionnent directement en milieu naturel ! On estime qu'il y a environ 3 000 grands singes victimes chaque année de ce trafic d'individus vivants. Et enfin, les maladies qui les affectent aussi gravement, la plus connue malheureusement aujourd'hui étant la fièvre hémorragique causée par le virus Ebola. Quand celui-ci touche une zone donnée, il peut décimer jusqu'à 90 %, voire 100 % des individus présents sur la zone, puisque les chimpanzés et gorilles sont bien sûr sensibles à ce virus. Si l'on regarde un peu la situation aujourd'hui, cinquante ans après que Jane Goodall a commencé à les étudier, 70 % de toutes les populations de grands singes ont disparu. À peine commençons-nous à les connaître et à les comprendre que pratiquement tous leurs représentants se sont déjà éteints.

Pour vous permettre de vous représenter cette menace de fragmentation forestière, voici le paysage en Ouganda où nous travaillons. D'un côté, la forêt du parc national de Kibale, un hotspot de biodiversité : on estime que sur 50 hectares de forêt tropicale, on peut dénombrer jusqu'à 800 espèces végétales. À la lisière, à perte de vue, des champs de thé, interrompus seulement par des bosquets d'eucalyptus... Quand on plante du thé, de l'eucalyptus, du palmier à huile, du café, du cacao, de la canne à sucre, toutes ces bonnes choses que nous prenons ici souvent au petit déjeuner, on les cultive généralement en monoculture. On remplace les centaines d'espèces existantes par une seule espèce dominante. Et surtout on ne veut pas de mauvaises herbes, pas d'insectes qui abîmeraient les feuilles, donc on pulvérise des herbicides et des pesticides. Conséquences : 80 % des oiseaux et 90 % des grands mammifères qui ne peuvent ni se nourrir ni survivre dans de telles zones disparaissent. Et, bien sûr, la totalité des grands singes. Ceux-ci ne peuvent traverser ces étendues pour gagner d'autres fragments forestiers, et se trouvent encerclés par des zones agricoles qui suintent de produits chimiques... Aujourd'hui, la situation des chimpanzés est un état d'urgence, illustré par un dessin de Jules : le plan vigie-primate est déclenché.

## Rencontre avec les chimpanzés orphelins

**Jean-Michel :** procédons à un petit retour dans le passé. Nous sommes en mars 1997, Sabrina doit faire son stage de fin d'études vétérinaires, et moi je viens de finir mon service militaire. Nous partons cinq mois en immersion au Congo (Congo-Brazzaville) au sein de l'Association Help Congo. En Afrique, dans la plupart des pays où ils vivent, les chimpanzés sont consommés pour leur viande. Les adultes sont chassés dans les forêts et les petits récupérés sont le plus souvent vendus sur les marchés comme animaux de compagnie. Mais évidemment, vers 4 ou 5 ans, les chimpanzés sont beaucoup trop turbulents pour être gardés dans une maison ou un jardin, et les propriétaires veulent à tout prix s'en débarrasser. C'est là qu'interviennent les « sanctuaires » comme celui de Help Congo, orphelinats qui les récupèrent et en prennent soin tout au long de leur vie. Dans le cas de Help Congo, l'association a recueilli une cinquantaine de chimpanzés qui vivent sur des petites îles au milieu de la lagune de Conkouati. Les chimpanzés y sont nourris deux fois par jour et la présidente de l'association, Aliette Jamart, souhaitait leur rendre leur liberté et les relâcher en forêt, au Triangle. C'est une première, car les chimpanzés élevés par les humains sont considérés comme très imprégnés, et notre mission auprès de l'association était de suivre les premiers pas de six élus.

La première étape de notre expédition est d'abord la lagune de Conkouati, puis le Triangle, zone de forêt où les six premiers chimpanzés viennent juste d'être relâchés. Le premier matin de notre arrivée à Conkouati, nous sommes évidemment extrêmement impatients d'aller les voir, et proposons d'aller participer au nourrissage. La seule recommandation que nous font les écogardes, c'est de ne pas aller trop près des îles et des chimpanzés, « parce qu'ils ont l'habitude de ne voir que leurs soigneurs congolais », et ils nous disent « il ne faut surtout pas les laisser s'approcher ni, évidemment, monter dans la barque ». Bien sûr, impatient de faire mes premières photos, je demande à prendre une embarcation séparée. Sabrina part avec les écogardes et moi je suis tout seul dans mon bateau. Rapidement, alors que nos barques approchent de l'île, une femelle chimpanzé se détache du groupe et se dirige depuis la berge droit vers celle de Sabrina. Je fais mes premières photos, et lorsque la femelle adulte chimpanzé n'est plus qu'à quelques mètres, puis centimètres de la barque, le temps que je prenne ma décision en la voyant s'apprêter à y monter – sauter à l'eau, tel Tarzan pour secourir Jane, ou me cacher derrière mon appareil photo ? – je choisis lâchement la seconde solution !

Je prends ma première photo, cela dure un instant, le chimpanzé monte dans la barque et enlace Sabrina. C'est un moment magique qui va rester gravé dans nos mémoires. Il faut savoir qu'en 1997, nous étions à l'époque de la photographie argentique, donc nous prenions des photos sans savoir immédiatement ce que l'on avait pris. Ce n'est que six mois plus tard que j'allais découvrir que j'avais effectivement bien appuyé sur le bouton... Ce moment a été très furtif, il n'a duré que quelques secondes, elle est montée, elle a serré Sabrina dans ses bras, puis elle est redescendue juste après. Ce premier contact, ce sont aussi ces regards échangés avec les chimpanzés orphelins, qui nous témoignent tout le manque affectif qu'ils ont et le rôle important que jouent les humains dans ce sanctuaire. Ils jouent un peu le rôle de mères de substitution ou de pères, ou de copains. Mais puisque le but de l'association et de notre travail est de relâcher les chimpanzés dans la forêt et d'y suivre leur adaptation, pas question de s'attarder trop longtemps pour les pouponner. Nous nous dirigeons donc vers cette zone de forêt à quelques heures de pirogue, appelée le Triangle. Elle est entourée de rivières, et nous allons y suivre la réadaptation des chimpanzés à la vie sauvage.

## La forêt tropicale et ses premières révélations

**Sabrina :** nous sommes d'abord arrivés au camp du Triangle, un bien grand nom pour trois cabanes en bois au bord d'une rivière. Nous ne le savions pas, mais nous allions passer là cinq mois en totale immersion. Nous pensions pouvoir retourner de temps en temps dans les villages, mais non, on nous dépose là avec un bateau qui repart aussi sec, et on nous dit : « Maintenant, essayez de nous dire si les six chimpanzés qui ont été choisis pour être relâchés dans cette zone où vivent aussi des chimpanzés sauvages, seront capables de survivre »... L'enjeu est important – puisqu'il s'agit là d'un des premiers projets de relâcher des chimpanzés sauvages – car de nos conclusions dépend le sort non seulement de ces six-là, mais d'une trentaine d'autres, et qui sait, celui d'autres sanctuaires de chimpanzés en Afrique... Je suis en dernière année d'école vétérinaire à Maisons-Alfort. Mon parcours a été un peu particulier, puisque j'ai décidé de ne pas me spécialiser en chiens, chats ou chevaux, j'ai choisi une option dite « option libre », pour laquelle il fallait proposer un projet, trouver ses propres financements et produire un document équivalant à une sorte de thèse. L'enjeu professionnel était lui aussi important. Nous voilà donc nous aussi pour la première fois en forêt tropicale, comme ces jeunes chimpanzés perdus, arrachés à leurs mères à quelques mois, je suis armée de mon stéthoscope, et Jean-Michel de son appareil photo. Tout à apprendre, tout à faire. Ouvrir des chemins pour se déplacer, préparer des fiches de suivi, essayer de comprendre si leur comportement semble normal, et bien sûr s'assurer qu'ils sont en bonne santé.

Au début j'essaye de leur donner des vitamines qu'Aliette Jamart m'a confiées, mais après quelques jours, je me rends compte que c'est peut-être inutile. Je continue à faire des palpations, des inspections, mais finalement les chimpanzés, dès le début, trouvent leur alimentation en milieu naturel, sélectionnant des fruits en petite quantité, goûtant un peu de tout, et n'ont pas besoin qu'on les supplémente en alimentation... Puisque auparavant ils ont vécu soit chez des humains, soit au sanctuaire, où ils recevaient des bananes, des mangues, tous les bons fruits sucrés pulpeux qu'on pouvait leur donner, ils réussissent finalement plutôt bien, et ne semblent pas pâtir de la difficulté à se les procurer, ni rien attendre de nous. Ils explorent, grimpent, curieux de tout, avides de liberté.

Au cours de ces premières semaines, nous avons réussi à les suivre et à maintenir un contact quotidien. Certains étaient équipés de colliers émetteurs, nous les suivions par télémétrie. Nous confirmons qu'ils sont en bon état sanitaire, aucun ne s'intoxique en mangeant les plantes de la forêt. En revanche, je suis un peu inquiète, parce qu'au bout de quelques semaines, ils commencent à manger leurs crottes. Au bout d'un certain temps, je me rends compte que ce ne sont pas vraiment des crottes, mais des graines qu'ils picorent directement dans leurs excréments. Passionnant ! Au début, bien sûr, j'ai cru que c'était un problème de carence alimentaire, jusqu'au jour où nous croisons un chimpanzé sauvage au loin, sur un chemin, avec quelque chose dans la bouche. Il nous regarde et, de surprise, laisse tomber ce qu'il tient. Je me précipite pour aller voir une fois qu'il est parti, et c'est une crotte avec exactement les mêmes petites graines que celles qui suscitaient la coprophagie (la consommation de selles) chez les chimpanzés que l'on suivait. Cela m'a donc un peu rassurée. Mais ces graines, qui ne ressemblent à aucune de celles que les chimpanzés consomment, ont en fait subi une transformation par le biais du passage digestif, elles sont devenues blanches et nacrées, beaucoup plus molles, et les chimpanzés peuvent les croquer. En fait, ce passage digestif produit une sorte de maturation, de cuisine : les graines sont prédigérées, puisqu'elles n'étaient pas croquées, et ils peuvent ensuite accéder à leur contenu.

Au retour en France, je découvre que parmi tous les aliments que consommaient les chimpanzés, ces graines étaient les plus riches en protéines. Donc, de façon assez incroyable, ces derniers avaient réussi à trouver cette source de protéines bien cachée. Pas mal d'autres choses nous étonnent, comme le fait qu'ils trouvent dans le bois mort des larves charnues, et puis aussi le fait que les Congolais avec qui nous travaillons nous disent, à propos d'une plante parmi ces aliments qu'ils consomment : « ... C'est bizarre ! Cette plante-là, nous on l'utilise aussi au village, le guérisseur nous en donne quand on a mal au ventre, quand on tousse, etc. » Cela concerne quand même un nombre relativement important de plantes et me surprend, puisque bien sûr les plantes médicinales, lorsqu'elles sont consommées en grande quantité, peuvent théoriquement se révéler toxiques. Je commence à me poser des questions et à me dire « mais peut-être que finalement les chimpanzés utilisent aussi ces plantes-là pour prévenir des maladies, ou peut-être pour se soigner ».

Je garde cela quelque part dans un coin de ma mémoire, mais de retour en France, je ne peux m'empêcher d'y penser. Et ce sera le début d'une longue enquête que nous n'avons toujours pas terminée, autour du comportement dit d'« automédication » des chimpanzés. Ce que l'on appelle la « zoopharmacologie », qui est donc la connaissance des plantes ou des poisons... Théoriquement, cela peut-être aussi celle des poisons consommés par les animaux, et plus particulièrement, à notre sens, par les chimpanzés. Je poursuis mon parcours de formation après mes études vétérinaires par un DEA – l'équivalent des masters actuels – et je fais l'analyse de ces aliments. Je vais trouver qu'ils contiennent des substances actives, des alcaloïdes, des tanins, autant de substances qui peuvent être porteuses d'activités pharmacologiques et qui peuvent soigner.

## Entrer dans l'intimité des chimpanzés sauvages

**Jean-Michel :** au début des années 2000, Sabrina s'achemine vers une thèse, et nous décidons de partir pour suivre les chimpanzés sauvages dans un site exceptionnel, le parc national de Kibale, à l'ouest de l'Ouganda. Il est exceptionnel à plusieurs titres. D'abord parce qu'il a la plus forte biomasse de primates au monde. Cela signifie tout simplement, dans le jargon scientifique, le « nombre de kilos de singes au kilomètre carré le plus élevé au monde ». Le parc abrite 1 000 chimpanzés, et la communauté de Kanyawara que nous allons suivre en compte 50 spécimens. Nous intégrons l'équipe de terrain de l'université Harvard, habituée à cette communauté depuis plus de dix ans. Nous nous retrouvons au pied de la chaîne de montagnes du Rwenzori, également appelée les monts de la Lune, à une altitude de 1 600 mètres. L'on y trouve non seulement des pentes boueuses et glissantes, et au fond, des marécages, mais aussi des rivières difficiles à franchir, dans lesquelles il nous arrive parfois de tomber. Et ce parfois d'autant plus que nous transportons des sacs extrêmement lourds à porter, surtout moi, avec mon matériel photo. Et nous parcourons des kilomètres, évidemment, pour suivre ces satanés chimpanzés qui nous font courir partout dans la forêt.

Nous faisons des rencontres sympathiques, comme des pythons, et aussi incroyable que cela puisse paraître, il nous arrive de tomber nez à trompe avec des éléphants. Ce qui est assez incroyable et que l'on peut difficilement imaginer quand on est là, dans ce site magnifique, c'est que l'on peut se promener en forêt à 10 mètres des éléphants sans les voir. Simplement car quand ils ne se déplacent pas, les éléphants sont plutôt silencieux. Lorsqu'ils mangent, on entend bien des craquements de branches, mais on n'est jamais sûr de leur origine. Et je vous promets qu'il m'est arrivé d'avancer en pensant que Sabrina était devant moi, et de découvrir que... c'était un éléphant !

Petit à petit nous nous familiarisons avec ces chimpanzés, arrivant un petit peu à mieux les connaître, les reconnaître. Nous arrivons à nous faire accepter et, ce qui est pourtant assez compliqué, c'est qu'ils acceptent aussi mon appareil photo. Très souvent, les chimpanzés n'aiment pas trop qu'on les prenne en photo. Probablement que le fait de brandir un appareil vers eux les dérange. Certains sont évidemment très timides, comme Tofu, et puis d'autres sont très détendus, comme Lanjow. Les chimpanzés se déplacent le plus souvent au sol, et y passent de longs moments à se reposer et à s'épouiller.

C'est au cours de ces années-là que je me suis intégré comme un membre à part entière de l'équipe de recherche. Alors, c'est un petit peu particulier pour un photographe, le plus souvent nous partons pour un reportage pour un mois, deux mois, et je décide de m'intégrer dans l'équipe de recherche pour essayer de retranscrire le travail des chercheurs. Il y a des moments magiques, comme celui où nous sommes montés dans les arbres avec les chimpanzés à 30 mètres de haut. Dans l'arbre, nous sommes attachés, harnachés, et les chimpanzés sont très étonnés de nous voir dans les branches, mais puisque ces humains ne bougent pas et ne mangent pas, finalement, ils ne sont pas trop dérangeants !

Cette aventure va nous amener petit à petit à un travail particulier entre Sabrina et moi, car nous nous rendons compte que je suis un peu scientifique dans mon travail photographique, et que Sabrina valorise la place de l'image dans son travail de recherche.

## Les chimpanzés se soignent-ils ?

**Sabrina :** une communauté de chimpanzés, c'est un ensemble d'individus qui se connaissent et se tolèrent entre eux, qui défendent un même territoire. Mais ces chimpanzés, comme ceux que l'on suit à Kanyawara, ne restent pas cohésifs. Ils vont former des petits sous-groupes qui changent tout au long de la journée, des mois, des années. La difficulté est que mon travail de terrain – qui consiste à essayer de suivre un individu malade, par exemple, pour voir s'il consomme des plantes différentes de celles que consomment les individus sains –, est très compliqué dans ce contexte social.

L'autre difficulté est que, certes, nous sommes dans un groupe étudié par l'université Harvard, mais qu'il est nécessaire de faire ce que l'on appelle un travail d'« habituation ». Les chimpanzés sont menacés partout par les braconniers, ils ont donc une crainte vraiment très forte des humains. Et dans la plupart des sites d'étude, il est impossible d'habituer des chimpanzés au point de pouvoir les suivre de près au quotidien. Il y a quelques sites, une dizaine en tout au monde, où on peut les approcher de cette façon et les suivre tout au long de la journée. On garde une distance de 5 à 10 mètres et on ne les touche jamais pour éviter de leur transmettre des maladies, et on n'utilise jamais d'alimentation pour les approcher. Au cours des premiers pas de son expérience, Jane Goodall, la fameuse primatologue, a utilisé des bananes pour essayer de les aborder, et très rapidement elle s'est rendu compte que non seulement cela perturbait très souvent leur comportement, mais les rendait agressifs, et l'expérience n'a pas été reproduite sur les autres sites. Sans aliment, les chimpanzés ne sont absolument pas agressifs. En revanche, quand ils attendent quelque chose de vous, forcément il faut le leur donner. Ils sont beaucoup plus forts que nous. Un jour, au Congo, un chimpanzé de 3 ans m'a décroché une baffe, et je peux vous assurer que même les jeunes enfants sont vraiment costauds. Avec les chimpanzés sauvages, on garde donc une distance de 5 à 10 mètres, l'objectif étant de les suivre le plus longtemps possible dans la forêt tropicale dense et touffue, avec des pentes bien raides, ce qui n'est pas forcément très aisé.

Pourquoi, malgré ces contraintes, *voulo*ir à ce point les étudier, penser qu'ils pourraient être capables d'automédication, et pourquoi s'intéresser plus particulièrement à eux et pas à une autre espèce ?

Les chimpanzés sont, comme d'autres espèces animales, capables d'utiliser des outils, de façonner des baguettes pour aller chercher des termites, des fourmis, ou comme Kilimi, d'aller récupérer le miellat d'une abeille charpentière qui a creusé une galerie dans cette branche. Et comme ils sont extrêmement gourmands de ce qui est sucré, cela les motive très fortement à confectionner une petite baguette pour s'en délecter. Mais l'utilisation d'outils n'est pas universelle chez les chimpanzés. Chaque communauté, chaque groupe va avoir un ensemble d'outils et de comportements que l'on va décrire comme étant culturels, parce qu'ils ne dépendent ni de la génétique ni de l'environnement. En effet, deux groupes voisins pourront utiliser des outils et auront des comportements différents, alors qu'ils partagent le même habitat et approximativement les mêmes gènes. C'est ce qui distingue les différentes communautés que l'on peut étudier.

## Épouillage et danse de la pluie

À Kanyawara, par exemple, ils pratiquent ce que l'on appelle le *handclasp*. Comme les chimpanzés ont des bras très longs, pour pouvoir s'épouiller mutuellement les aisselles sans se fatiguer, ils joignent leurs mains tendues au-dessus de leurs têtes en s'appuyant l'un sur l'autre. Ce n'est pas pratiqué par tous les chimpanzés d'Afrique, certains vont pour ce faire se tenir à des branches, d'autres pas du tout. Les comportements ne sont pas forcément générés par le besoin alimentaire ou en eau. Parfois ils peuvent être d'ordre pratique, utilisant un matériel environnant sans visée alimentaire. Imoso, le mâle dominant, donc le mâle alpha de la communauté de Kanyawara, épouille une feuille : non, il n'est pas devenu fou, il n'y a pas de parasite sur la feuille. Mais c'est un moyen, pour se faire épouiller, de solliciter Twig, son congénère qui se tient derrière lui. C'est un petit signal qui, sans être trop insistant, montre qu'il a besoin d'attention. L'épouillage est un comportement qui n'est pas uniquement destiné à enlever les parasites externes, mais à resserrer les liens, à apaiser les tensions. Les mâles peuvent passer des heures à s'épouiller au sol, inspecter chaque partie du corps de l'autre ou des autres, et cela a vraiment une fonction de détente.

Un autre comportement étonnant et extrêmement difficile à immortaliser, est la « danse de la pluie ». Quand une forte pluie s'abat sur la forêt, les mâles se mettent en position bipède et se balancent sur leurs deux jambes pour faire une sorte de ballet très lent entre les arbres. Nous avons eu de la chance de saisir cet instant unique où le chimpanzé a traversé un petit chemin alors qu'il ne faisait pas trop sombre. La danse de la pluie est un comportement mystérieux qui n'est pas pratiqué partout.

Se pourrait-il qu'il y ait aussi des comportements culturels autour de plantes médicinales ? Par ailleurs, les études faites en laboratoire montrent que les chimpanzés ont des capacités cognitives et de mémorisation importantes. Mon idée est donc qu'ils connaissent peut-être une gamme de plantes plus étendue que les autres espèces animales, qu'ils utiliseraient pour se soigner avec des indications spécifiques contre la diarrhée, la toux, etc.

Comment cela pourrait-il se faire ? Parmi les plantes présentes dans la forêt, les arbres en particulier portent à la fois des fruits riches en nutriments et d'autres parties, feuilles, tiges, écorces ou racines. Une plante a des métabolites primaires qui servent à ses fonctions primaires – croissance, développement, nutrition. Et des métabolites secondaires dont on n'a pas encore forcément compris la fonction, mais qui servent entre autres aux relations entre la plante et les pollinisateurs, etc. Et aussi à se défendre contre leurs prédateurs, les herbivores, les parasites ou encore les insectes. Certains de ces métabolites secondaires peuvent être détournés pour la médecine, comme les alcaloïdes ou les tanins dont je vous parlais tout à l'heure.

Ils ont un goût très désagréable, ce qui explique que les animaux vont éviter de consommer en trop grande quantité les plantes qui les contiennent. Mais consommés en petite quantité, ils peuvent améliorer la santé. Une partie de la plante – les fruits, les feuilles, etc. – peut servir à l'alimentation, alors que d'autres parties vont concentrer plus de métabolites secondaires (les écorces en particulier) et peuvent servir éventuellement à améliorer la santé.

## Étudier les chimpanzés en milieu naturel, une science d'endurance !

Comment mettre en place un protocole permettant de tester cette hypothèse ? Tout d'abord, l'idée est d'observer si les chimpanzés sont malades, s'ils ont des symptômes, et d'essayer de les observer jusqu'à la guérison des individus. Et entretemps de voir s'ils consomment ou s'ils utilisent une plante ou une substance de leur environnement qui ne fait pas partie du répertoire alimentaire habituel du groupe.

Cela demande donc la mobilisation de beaucoup de disciplines de la médecine vétérinaire, mais aussi de l'étude du comportement – l'éthologie. Et plus particulièrement de la parasitologie, puisqu'avec les chimpanzés sauvages, comme je vous le disais, on ne peut procéder à des palpations, des auscultations ou des prises de sang comme avec les chimpanzés orphelins. Pour estimer leur état de santé, il faut passer par l'analyse de leurs crottes et de leurs urines, par la botanique pour identifier les plantes qu'ils consomment, par l'ethnologie, parce que l'on s'intéresse à ce qu'utilisent les communautés locales alentour pour essayer de voir s'il existe des recoupements. On a recours à la microbiologie et à la chimie pour identifier les plantes et les substances naturelles qu'elles contiennent, et faire des tests d'activité biologique.

Sur le terrain, il s'agit d'arriver le matin avant que les chimpanzés ne se réveillent, avant qu'ils sortent de leur nid, c'est-à-dire vers 6 heures, 6 h 30, et nous devons être à pied d'œuvre au pied de l'arbre pour recueillir les premières urines, qui sont les plus concentrées. Il faut recourir à de petites stratégies : ici, notre méthode est de récupérer une branche – nous enfilons un sac plastique au bout, et dès que le chimpanzé fait pipi depuis l'arbre, nous nous précipitons dessous... Au début, il leur faut un peu de temps pour s'y habituer, parce que cela fait du bruit quand leur urine tombe sur la matière plastique, mais de notre côté, l'objectif est surtout d'essayer d'éviter la « douche »...

## Se soigner par les plantes

Voici quelques exemples d'utilisation de plantes médicinales. Makokou par exemple consomme une feuille de *Trichilia rubescens*. Cela n'a l'air de rien, mais cela va l'occuper un petit moment, puisque ces feuilles sont très amères et n'ont jamais été observées par les Ougandais travaillant sur le projet comme étant consommées par les chimpanzés. Cette consommation, de plus, arrive à un moment ou Makokou n'est pas en grande forme : il soufre d'une entorse et reste au sol, sans monter dans les ficus avec les autres.

Je décide donc de rester avec lui, de le suivre, et ce jour-là il ne consomme que des feuilles amères de *Trichilia rubescens,* des plantes utilisées comme analgésique par les populations locales, c'est donc relativement intéressant. Quelques mois plus tard, quand nous rentrons en France, nous testons un extrait brut de cette plante – comme une tisane, en quelque sorte –, sur différentes cibles choisies, à savoir des bactéries, des virus et des parasites, dont l'agent du paludisme contre lequel cet extrait révèle de très bonnes activités.

Au bout de quelques mois encore, puisqu'il nous faut de grandes quantités de feuilles et que nous devons refaire plusieurs récoltes, je réussis à isoler des molécules complètement nouvelles, qui n'ont encore jamais été décrites et se révèlent porteuses de cette activité. Nous les nommons « trichirubines A et B ». Grâce à Makokou et à son entorse, nous avons pu mettre au jour deux molécules complètement nouvelles et ayant une activité très significative.

Un autre exemple est celui de Kilimi, la même femelle qui utilisait la baguette – c'est une futée, celle-ci ! Un matin, elle s'attaque à un énorme tronc d'arbre qu'elle enserre de ses petits bras, et passe à peu près dix minutes à en arracher des morceaux d'écorce gros comme le pouce, alors que sa mère et ses frères et sœurs, assis à côté d'elle, ne s'y intéressent pas du tout. Là encore, les communautés locales nous apprennent des choses sur l'utilisation de ces écorces, dotées de vertus pour réduire les maux digestifs, les ballonnements, etc. En fait, je suivais Kilimi parce qu'elle souffrait de troubles digestifs causés par des parasites, cela faisait trois jours qu'elle avait la diarrhée. Trois jours après cette consommation inhabituelle, elle est guérie. Les essais pharmacologiques et l'isolement des molécules vont m'occuper pendant un an.

Mon année postdoctorale, que je prépare à la faculté de pharmacie de Reims, va nous permettre de révéler des molécules complexes, des saponosides, qui elles aussi sont complètement nouvelles. Elles n'ont jamais été décrites, et sont actives non seulement contre les parasites digestifs dont je vous parlais, mais aussi contre certaines cellules cancéreuses – encore en culture bien sûr, mais ce sont malgré tout des résultats très intéressants.

Ce que nous apprend ce type d'étude, c'est que l'utilisation d'un guide chimpanzé n'est pas complètement farfelue. D'ailleurs j'ai réussi à en convaincre mes collègues chimistes, puisque j'ai fait ma thèse dans un laboratoire de chimie des substances naturelles, alors qu'au début ils me prenaient un peu pour une douce rêveuse... Évidemment, l'objectif n'est pas de couper ces plantes pour en faire des médicaments, mais d'utiliser la nature comme modèle et de copier la structure de ces molécules pour synthétiser, ou hémisynthétiser de nouveaux composés, qui seraient plus actifs que ceux dont on dispose aujourd'hui.

Cela m'a aussi appris à nouer des relations importantes avec les autorités locales, puisque l'on touche à un sujet sensible – vous avez tous entendu parler de bio-piraterie ! Dès mon arrivée en Ouganda, j'ai donc dû mettre en place des accords de collaboration avec l'université ougandaise Makerere et l'autorité de gestion des parcs nationaux. Et très rapidement, nous avons travaillé de concert avec les Ougandais, pour constituer une équipe en vue d'améliorer leur laboratoire de chimie à l'université Makerere et d'y former des thésards.

## Une pré-cuisine chez les chimpanzés ?

Pour poursuivre au-delà de cette question d'automédication, si les chimpanzés sont surtout frugivores, ils consomment aussi parfois de la viande. En fait, ils ne mangent jamais de viande sans y ajouter des feuilles. Ils forment une sorte de salade composée, mais ce qui est absolument extraordinaire, c'est que ces feuilles ne sont pas des feuilles alimentaires et ont toujours des goûts très prononcés. Là encore, cela a suscité mon intérêt, et les analyses montrent qu'elles ont souvent des activités antiparasitaires.

L'hypothèse serait que comme les chimpanzés mangent des viscères recélant des parasites et présentant des risques d'intoxication, ils utilisent ces feuilles non seulement pour en modifier le goût, peut-être comme une sorte d'assaisonnement, mais limitent ainsi les risques de s'intoxiquer… Un peu le rôle des épices dans la gastronomie humaine !

Au final, après ces quelques années, nous avons réussi à identifier 300 aliments parmi lesquels certains ont révélé de bonnes activités biologiques, et une quarantaine d'entre elles sont également utilisées par les populations locales.

Nous avons identifié des molécules nouvelles et actives. Nous avons aussi démontré qu'il y avait une association des feuilles de *Trichilia* avec de la terre. Une association un peu comme la viande avec les feuilles, qui ne semble pas fortuite. Quand les chimpanzés mangent les feuilles amères de *Trichilia*, qui ont des propriétés thérapeutiques contre le paludisme, ils y ajoutent souvent une poignée de terre. Et en reproduisant ce mélange avec une étudiante en master, nous nous sommes rendu compte que l'activité du mélange contre l'agent du paludisme est plus élevée que celle des feuilles ou de la terre seules. Une partie des molécules de la plante reste absorbée sur l'argile, libérée, et celles qui restent disponibles sont plus actives. Une sorte d'excipient, de galénique pharmaceutique assez étonnante !

## Nos plus proches parents ont-ils le paludisme ?

Cela a ouvert d'autres pistes, en particulier celle de la question du paludisme chez les grands singes. Si les feuilles de *Trichilia* et d'une dizaine d'autres plantes ont de très bonnes activités contre le paludisme, et que les chimpanzés les mangent alternativement, serait-ce pour traiter cette maladie ? En sont-ils atteints ?

J'ai réussi à obtenir trois échantillons de sang, celui d'une femelle morte, celui d'une autre qui s'était battue et dont j'avais récupéré quelques gouttes de sang tombées sur des feuilles, et d'une troisième que nous avons dû endormir pour la libérer d'un piège. Ces trois individus avaient dans le sang des plasmodiums, les parasites responsables du paludisme, mais qui plus est, de plusieurs espèces chacun ! J'ai pu en identifier, avec des collègues parasitologues et généticiens, deux espèces qui n'avaient jamais été décrites. Ces espèces de plasmodiums sont extrêmement proches de celles des humains. Or les chimpanzés n'expriment pas de symptômes forts comme les hommes. Ce qui soulève des questions vraiment cruciales pour la santé humaine, pour laquelle cette maladie fréquente est létale. Il y a probablement une immunité particulière chez les grands singes, peut-être due à la longue évolution qu'ils ont vécue avec ces parasites...

D'autres comportements aussi étonnants – par exemple le fait qu'ils construisent leurs nids dans des sites réduisant les risques de piqûres par les moustiques vecteurs du paludisme – pourraient les mettre plus à l'abri. Nous avons établi un suivi très proche de leurs nids construits chaque soir, en posant des pièges à moustiques à côté des nids et dans des zones au hasard dans la forêt, et nous avons démontré que les endroits choisis par les chimpanzés pour faire leurs nids en altitude loin des marécages étaient ceux où il y avait le moins de moustiques femelles susceptibles de transmettre la maladie.

## Automédication ou soin ?

Reste une question centrale : pourquoi parle-t-on d'automédication, et pas de médecine ? Les chimpanzés seraient-ils égoïstes et ne penseraient qu'à se soigner eux-mêmes, sans se soucier des maux de leurs semblables et de leurs petits ? Ou bien y a-t-il une étape pour soigner un congénère qui n'a pas été franchie ?

Pourtant, on sait qu'il existe des relations très étroites entre la mère et l'enfant, qui durent de longues années, puisque les jeunes restent proches de leurs mères jusqu'à 4 ou 5 ans, continuent à téter si la mère n'a pas un nouveau petit, et ne s'en éloignent qu'à l'adolescence, entre 10 et 15 ans.

Les chimpanzés sont par ailleurs attentifs à l'état de santé des autres congénères : une plaie sur le dos de l'un d'entre eux suscite l'attention de tout le groupe ! Nous savons donc qu'ils « diagnostiquent » les maladies de leurs congénères, mais dans ce cas, ils ne vont pas apposer une feuille sur le dos d'un autre, alors qu'ils en utilisent pour nettoyer leurs propres blessures. Par crainte de susciter une réaction vive ou violente en lui faisant mal ? Par peur de se contaminer ?

Mais le fait que parfois ils parcourent de 600 mètres à 1 kilomètre pour aller chercher des plantes qui ne sont pas disponibles alentour concerne probablement leur état de santé. Alors que dans le cas d'un congénère, il faudrait soit emmener le malade, soit revenir lui apporter la plante, ce qui constituerait une contrainte de soin, car il n'y a pas de pharmacie à chaque coin de la forêt !

Reste la question de savoir pourquoi les mères ne soignent pas leurs petits quand elles sont saines, et pourquoi elles ne leur administrent pas des plantes quand ils sont malades. En revanche, si la mère est malade et que le petit l'est aussi, elles vont parfois leur faciliter l'obtention d'une partie de la plante qu'elles-mêmes vont consommer... La quantité administrée ne serait peut-être pas aussi bien adaptée pour un jeune individu que pour un adulte, et celui-ci percevrait l'amertume de la plante comme un signal pour en limiter l'ingestion... Il reste encore beaucoup de travail pour décrypter ce comportement fascinant !

## Une nouvelle aventure dans la jungle

**Jean-Michel :** voilà donc notre histoire entre 1997 et 2009. Pendant dix ans, nous avons suivi cette communauté de chimpanzés de Kanyawara, avons appris à la connaître et à l'étudier. Début 2009, la compétition scientifique étant assez forte, l'équipe de l'université Harvard nous a fait comprendre qu'il nous fallait trouver un autre site pour poursuivre nos recherches.

Après des semaines et des mois de découragement, nous sommes partis à la recherche d'un nouveau terrain d'étude, après plusieurs campagnes de recensement sur une dizaine de sites, toujours dans le parc national de Kibale. Nous partions pour plusieurs jours avec une équipe de pisteurs, de botanistes, un cuisinier, et campions au milieu de la forêt, là où coulait une rivière nous permettant de faire la cuisine et un brin de toilette. C'étaient des moments assez extraordinaires, parce que nous savions que nous partions pour de nouvelles aventures.

Parmi ces sites se trouvait la zone de Sebitoli. Ce secteur, situé au nord du parc de Kibale, est assez caractéristique parce qu'il est entouré de plantations de thé, d'eucalyptus, de jardins vivriers, et de plus est traversé par une route nationale. Oui, une route nationale bitumée qui coupe le parc d'est en ouest, délimitant parmi les 800 kilomètres carrés que compte ce parc une poche de forêt de 15 kilomètres carrés... Pourquoi ne pas la contourner ? Parce que c'était une piste, qui est devenue plus tard une grosse route nationale.

Et par-dessus tout, autour de cet espace, la densité de population est parmi les plus élevées d'Afrique. Est-ce qu'une telle zone peut vraiment accueillir des chimpanzés ?

Tous les scientifiques qui travaillaient dans le parc ou à Sebitoli sur d'autres espèces nous disaient : « Oh, ce n'est pas la peine de venir ici, il n'y a aucun chimpanzé, vous n'en verrez pas, nous n'en avons jamais vu ! » C'est un petit peu poussés par les autorités ougandaises que nous avons décidé de pratiquer un recensement dans cet endroit. Car il est vraiment très éloigné du site de nos rêves – une forêt primaire et vierge de toute activité humaine. Il y a des hommes partout autour, du bruit, du bitume...

Malgré tout, les premiers signes sont assez encourageants. Nous décidons donc d'installer là un campement très, très sommaire, et de travailler sur une nouvelle thématique, la coexistence possible entre les hommes et les chimpanzés. On y trouve des crottes, des chiques, des empreintes et surtout des nids qui nous confirment que la densité est assez élevée.

## Prendre en photo des… crottes !

Petite parenthèse pour un photographe qui a tout d'abord fait des photos de chimpanzés enlaçant une jeune femme, puis des portraits de chimpanzés sauvages, prendre en photo des crottes, des chiques, c'est franchement déprimant ! Sabrina me disait : « Oh, c'est super ! Vas-y... prends... prends... » Après ça, qu'est-ce que vous faites d'une photo de crotte ? Pas grand-chose. C'est la science...

Nos journées ressemblent à cela et se terminent avec une douleur dans les cervicales, parce que nous essayons d'observer des chimpanzés à 50 mètres de hauteur dans les arbres, très loin. Alors, quand nous en voyons un, cela dure parfois cinq secondes, et parfois on a marché pendant des kilomètres pour en voir un à 50 mètres : « Je crois qu'il y en a un, là... Oh ! Regarde, il y en a un... » Et en trois secondes il a dégringolé de l'arbre, et tant pis, on continue... Donc nous marchons, nous marchons...

Heureusement, les chimpanzés ont un trait de caractère qui nous sauve : ils sont curieux. Parfois il y a une petite tête qui émerge, alors nous reconnaissons Roméo, qui est un peu plus clair autour des yeux – on a l'impression qu'il a regardé trop longtemps au travers de ses jumelles. Ce sont des moments assez sympathiques.

Il faut savoir que quand nous sommes arrivés sur ce site de Sebitoli, il n'y avait aucun transect, aucun chemin en forêt, et en gros, il faut entre une et trois heures pour y parcourir un kilomètre. Nous nous sommes mis à tracer des transects, nous avons cartographié la forêt, fait d'autres transects encore... 120 kilomètres de transects pour chercher des chimpanzés et pouvoir arriver assez vite en entendant au loin des vocalisations. C'est très, très long, et de plus, évidemment, dès que vous êtes arrivés quasiment au bout, la végétation commence à repousser de l'autre côté ! Il faut entretenir, alors nous avons constitué une équipe pour l'entretien de ces chemins.

Puis nous avons pu identifier une soixantaine de chimpanzés. Le territoire couvre entre 20 et 25 kilomètres carrés de part et d'autre de la route. Plus de 30 % des chimpanzés souffrent de mutilations aux mains et aux pieds, dues à des pièges. Souvent ils nous offrent des cadeaux inestimables : quand on porte un matériel très lourd, et que là on a, dans une belle lumière, un beau chimpanzé qui se prélasse sur un arbre, on est ravis.

## Identifier et nommer les chimpanzés, une partie du protocole scientifique

Pour les identifier, il faut regarder attentivement les mains, les pieds, et vérifier s'ils ont toutes leurs phalanges... puis les oreilles. Kutu, notre mascotte, a une oreille en moins. Elle a à peu près une soixantaine d'années, c'est une vieille femelle. Nous ne savons pas si elle nous a tout de suite acceptés par expérience, sentant qu'il n'y avait pas de danger, ou parce qu'elle n'y voyait rien ! Nous l'avons beaucoup aimée, cette femelle très douce à la voix rauque comme Jeanne Moreau.

Elle nous a permis de gagner peu à peu la confiance de son fils, Kimchi, puis d'autres chimpanzés ! Nous avons commencé à les identifier, à les nommer bien sûr : Elliott, le mâle dominant de la communauté de Sebitoli, magnifique – du nom d'Elliott Erwitt, le grand photographe.

L'habituation des chimpanzés est un travail extrêmement compliqué, mais qui paye au bout de plusieurs années. Cela demande énormément de persévérance. Il faut savoir que dans le monde, il n'y a pas beaucoup de lieux ou de sites où les chimpanzés ont été habitués, et parfois cela prend jusqu'à dix ans. Il nous a fallu environ cinq ans. Nous y avons mis beaucoup, beaucoup d'énergie. Certains scientifiques renoncent au bout de trois ou quatre ans parce qu'ils n'arrivent pas à un résultat satisfaisant. Nous sommes contents d'y être parvenus, parce que c'est un engagement, et quand on habitue une communauté de chimpanzés, on ne peut pas arrêter. On ne peut pas se dire « bon, eh bien demain, c'est bon, on a fait le boulot, on arrête et on va faire autre chose... ». Nous nous sommes engagés, nous sommes responsables de la confiance en l'homme que nous leur avons donnée.

Ce qui veut dire que nous arrêterons peut-être quand nous serons vieux, quand nous ne pourrons plus aller sur le terrain ou quand nous n'aurons plus l'énergie pour le faire. Il faudra alors trouver une relève pour continuer. Il faut accepter de faire un travail différent. Sabrina ne peut plus travailler sur l'automédication, elle travaille sur des thématiques portant sur les interactions entre humains et chimpanzés. Moi je prends également moins de photos de chimpanzés qu'avant, mais je m'intéresse un peu plus en profondeur au travail de recherche qui est fait.

Nous gardons une distance de plus de dix mètres avec eux, pour des raisons sanitaires évidemment, mais aussi pour qu'ils nous acceptent. Mais en aucun cas nous ne devons avoir de contact avec eux. Ce qui est assez paradoxal, c'est que nous avons commencé notre travail en prenant des chimpanzés dans nos bras, qu'après nous les avons tenus à 10 mètres, et que maintenant nous essayons de les maintenir à une certaine distance à 10, 15 ou 20 mètres.

## Les chimpanzés et le monde moderne des humains

**Sabrina :** notre sujet de recherche, aujourd'hui, est : « Comment les chimpanzés s'adaptent-ils à cet environnement qui se modifie rapidement ? » La route a été bitumée assez récemment, les plantations se sont développées par des pratiques agricoles parfois dangereuses, et un gardiennage intensif à la bordure du parc. Parmi les 12 espèces de primates dans le parc national de Kibale, les babouins sont des pilleurs hors pair, et les éléphants aussi.

Les hommes ont à déployer des efforts d'ingéniosité, et surtout de patience très importants pour garder les champs.

À certains moments, ils sont exaspérés, et bien sûr cela devient très dangereux pour les animaux. Les chimpanzés ne sont pas en reste, ils vont piller le maïs. Le bénéfice énergétique est clair : avec six épis, ils obtiennent autant de calories qu'en une journée à chercher des fruits. Une des premières publications que nous avons faites sur Sébitoli concerne un comportement tout à fait inédit, jamais décrit auparavant : des activités nocturnes de consommation de maïs. Ils traversent une tranchée, qui a été creusée à trois mètres de profondeur et trois mètres de large pour empêcher les éléphants de venir dans le champ.

Jusqu'alors, il n'y avait jamais eu de comportement nocturne répertorié dans le monde des grands singes. Cela a été surprenant, et assez rapidement nous nous sommes dit : « Peut-être qu'ils profitent de la pleine lune. » Nous avons bien « monitoré » avec des pièges caméras qui se déclenchent à la présence d'un animal. Les clips vidéo montrent que les incursions ont lieu au contraire pendant la nuit noire.

Nous ne savons pas s'ils ont commencé en période de pleine lune pour, petit à petit, s'habituer et finir par agir à la nuit noire, montrant une adaptabilité, une flexibilité comportementale qui leur permet de s'adapter aux pratiques de l'homme. Nous avons également enregistré tous les cas où les chimpanzés traversaient la route. Nous nous sommes rendu compte qu'ils traversaient en groupe, que l'individu qui les conduisait était souvent un mâle dominant ou un individu en pleine force de l'âge, et qu'ils encadraient les femelles avec les jeunes ou les individus mutilés par des pièges. Ils favorisaient la décision de traverser la route.

Mais ils ont du mal à s'adapter à certaines menaces, telles que les pesticides épandus à la bordure du parc. Une des femelles, Kyara, qui est affligée d'un bec-de-lièvre, a été le premier cas référencé chez les chimpanzés. Petit à petit, nous nous sommes rendu compte que certains chimpanzés avaient des visages particuliers. Comme ce chimpanzé qui n'a pas de nez, un cas qui n'est pas unique, car une proportion de 25 %, en particulier des jeunes, ont des malformations faciales avec absence de narines. Nous l'observons aussi chez les babouins.

On s'interroge, et c'est actuellement notre thématique de recherche, sur le lien qu'il peut y avoir entre les pesticides qui sont épandus, les femelles gestantes qui vont consommer ces pesticides en même temps que le maïs, ou bien ceux qui sont pulvérisés sur le thé, et nous essayons de confirmer ce lien-là.

Pour ce faire, nous sommes aujourd'hui bien installés, nous avons construit une station de recherche avec huit bâtiments qui permettent d'abriter à la fois les chercheurs et nos assistants. Nous avons une équipe d'une vingtaine d'Ougandais qui suivent les chimpanzés, qui entretiennent les transects, et qui retirent aussi les pièges dans la forêt. Un bâtiment de sensibilisation nous permet d'accueillir enfants et adultes pour des séances d'éducation environnementale.

Nous avons aussi un joli laboratoire bien équipé, où l'on peut faire une partie des analyses, puisqu'il est vraiment important que ces analyses soient faites en Ouganda avec les Ougandais. Nous travaillons aussi beaucoup avec les communautés locales, pour la sensibilisation mais aussi pour la recherche, en particulier des étudiants en master au Muséum.

## Co-habiter, plus facile à dire qu'à faire !

La pauvreté est extrême à la bordure du parc, et l'on ne pourra protéger la faune sauvage que si on travaille avec les communautés locales. Nous cherchons à améliorer la situation autour du parc, à rétablir l'harmonie entre la faune sauvage et les humains qui y vivent. Ils souffrent énormément de ces pillages. Les chimpanzés ne sont pas les plus gros pilleurs, les éléphants font des dommages incroyables. Pour ces personnes sans revenus, il est beaucoup plus facile d'aller poser des pièges en forêt pour se procurer de la viande gratuitement, sans beaucoup d'action répressive de la part des autorités du parc. Même si les braconniers se font appréhender, ils sont trop pauvres pour payer une amende et les prisons sont pleines.

Aujourd'hui, l'un de nos projets est de les aider à développer l'agriculture biologique pour améliorer leurs revenus, et bien sûr aussi la santé à la fois des humains et des chimpanzés. Nous avons mis en évidence des intrants chimiques dans les tiges et les épis de maïs, du DDT, interdit depuis de nombreuses années mais qui est encore autorisé dans neuf pays au monde dont l'Ouganda – uniquement à l'intérieur des maisons pour lutter contre les moustiques. Du glyphosate, le chlorpyrifos qui peut entraîner des problèmes neurocomportementaux et, pour couronner le tout, de l'imidaclopride que vous connaissez sûrement – le fameux Gaucho dont on parle beaucoup en ce moment –, létal pour les abeilles et responsable d'importants problèmes de reproduction chez les animaux testés en laboratoire.

Nous en avons mis en évidence dans l'enrobage des grains de maïs que les villageois utilisent dans leurs champs. Je leur ai demandé : « Vous pulvérisez souvent dessus ? » Et certains m'ont dit : « Ah ben non ! Pas du tout, puisque notre maïs rouge n'en a pas besoin, il n'y a aucun insecte qui l'attaque, il est impeccable. » Maïs rouge, pas d'insectes... bizarre ! Je demande à voir leur paquet, rien d'écrit dessus. Nous allons en ville, nous faisons une enquête auprès des revendeurs, et nous trouvons le fameux maïs rouge en paquet, marqué Kenyaseeds sans mention de ce qu'il peut contenir qui puisse expliquer la coloration rouge, sans même un logo ou une indication mentionnant un risque quelconque. Je ramène le maïs en France, nous faisons l'analyse avec Philippe Berny, du laboratoire Ecotox de Lyon : de l'imidaclopride. À l'époque, cela faisait quinze ans que ce type de maïs était censé ne plus être commercialisé par la branche Kenyaseeds.

Puisque nous ne pouvons pas faire de prise de sang sur les chimpanzés, nous avons utilisé les poissons comme espèce dite « sentinelle », car ils vont nous révéler un peu ce qu'il y a dans l'environnement. Évidemment, nous y avons trouvé ces trois fameux produits. Chacun, indépendamment, peut faire des dégâts, imaginez le cocktail ! Nous avons aussi prélevé des poissons dans une rivière au cœur du parc, qui ne portaient absolument aucune trace de ces produits, démontrant bien que ce sont des pesticides dus à l'agriculture alentour.

Tous sont aussi des perturbateurs endocriniens, et avec mes collègues Barbara Demeneix et Jean-Baptiste Fini, au Muséum national d'Histoire naturelle, nous en avons examiné le mécanisme d'action. A priori, il semble plausible que ce soient les mères gestantes qui soient exposées à ces pesticides entraînant des dysfonctionnements au niveau de la thyroïde, puis des problèmes de développement facial.

Et enfin, dernier axe de recherche et de combat, les mutilations dues aux pièges. Nous ne vous l'avons pas encore dit, mais en Ouganda, en principe, les chimpanzés ne sont pas consommés pour leur viande par les locaux. Mais ils sont des victimes indirectes de pièges. Le type de pièges faits pour attraper les antilopes et les cochons sauvages sont des câbles de freins de vélos mis sous tension pour former un collet. Max y a perdu ses deux pieds. Butchaman et Aragon un pied, certains des mains…

Grâce à l'exposition que nous avions faite au Muséum, *Sur la piste des grands singes*, nous avions lancé une campagne de dons auprès des visiteurs. Nous avons obtenu une bonne somme qui nous a permis de mettre en place une équipe de retrait de pièges très active, et en un an, nous en avons retiré 500 dans la zone où nous travaillons. Bien sûr, c'est sans fin, il nous faut donc vraiment trouver un moyen pour motiver les gens à s'arrêter de poser des pièges. L'éducation environnementale en fait partie. Nous disposons d'outils pédagogiques mobiles que nous utilisons dans les écoles. Nous mettons aussi à profit les chants et les danses traditionnels. Nous avons instauré de jeunes ambassadeurs des grands singes, qui travaillent avec leurs copains des écoles voisines à faire passer le message.

## Sauver les chimpanzés, c'est ICI que ça se joue !

Nous essayons aussi de sensibiliser un peu nos concitoyens européens, parce qu'il ne s'agit pas de faire porter la faute par les locaux. Certes, ils posent des pièges, mais les plus gros consommateurs de la forêt, c'est nous !

Par chance, nous avons les moyens de réduire cela en recyclant, en triant, en choisissant les produits que l'on achète. Je peux vous assurer que j'ai compris que le bio signifiait quelque chose, et que nous pouvons penser à notre santé, mais aussi à celle de notre planète. Recycler le papier, les cartons, tout cela nous semble facile et logique, mais c'est toujours encore un peu difficile avec les téléphones portables et les ordinateurs. Le coltan, qui fait partie des composants des téléphones portables et des ordinateurs, vient principalement de la République démocratique du Congo. Là où il est extrait, 95 % des gorilles ont été tués par les employés des mines, des personnes très pauvres que l'on fait venir et que l'on exploite dans ces zones. Ils chassent tout ce qu'ils trouvent.

Il est donc important d'utiliser les certifications. Bien sûr, certains d'entre vous me diront que toutes les certifications ne sont pas parfaites, mais il faut pousser à les améliorer, et au moins nous ferons un premier pas en les choisissant. Il faut toujours faire en sorte d'améliorer ces certifications, et enfin, peut-être aussi rappeler que les grands singes ne sont pas des acteurs. Aujourd'hui nous le savons. Avec la mondialisation, les Africains voient toutes les séries, tous les films, et pensent qu'il y a une demande forte. Qui plus est, elle existe, il y a toujours aujourd'hui, en 2018, des animaux présentés dans les pubs, dans les films. Il faut absolument arrêter ce type d'exhibition au plus vite. Je pense en particulier aux présentateurs de télé qui continuent à inviter sur leurs plateaux des bonobos habillés, aux acteurs qui acceptent de tourner dans des films avec des chimpanzés ou des orangs-outans : sont-ils conscients de cela ?

Les chimpanzés nous ont appris beaucoup de choses : à nous, personnellement, la patience et l'amour de la forêt, de l'Afrique, de nos équipes qui font un boulot fou. Ils ont su nous faire prendre conscience de la disparition de la forêt tropicale. Ils sont une des espèces de cette forêt qui sont un joyau pour notre planète, qui sont les poumons de notre planète. Je n'ai pas trop insisté sur l'aspect climat, mais aujourd'hui nous sommes à un point charnière.

C'est donc vraiment aujourd'hui qu'il faut agir pour les grands singes, et pour la forêt tropicale d'une façon générale. Puisque chacun de nos petits gestes ici peut avoir un effet là-bas, profitons-en ! C'est LA bonne nouvelle !

Bien sûr, rien ne serait possible sans le travail de nos équipes, sans nos soutiens – en particulier celui des deux fondations qui nous accompagnent, la fondation pour la

Nature et l'Homme, créée par Nicolas Hulot, et la fondation Prince Albert II de Monaco –, ainsi que les autres donateurs qui nous ont aidés... Et si vous avez envie d'en savoir plus, lancez-vous dans la lecture de notre livre, *Les Chimpanzés des monts de la Lune*.

# Entre chien et loup, l'histoire de deux cousins

**Pierre Jouventin**

*Longtemps Directeur de recherche CNRS en éthologie des oiseaux et mammifères. Il a élevé une louve dans son appartement.*

Le chien et le loup sont des animaux très proches, et donc des sujets étroitement liés, comme l'a prouvé l'analyse moderne de l'ADN indiquant qu'ils ont moins de 1 % de différences génétiques. Le chien a longtemps paru sans intérêt pour les biologistes, parce qu'on le jugeait trop domestiqué, donc modifié par l'homme. De son côté, le loup n'est étudié sérieusement par les scientifiques que depuis un demi-siècle, parce qu'il est difficile à approcher dans la nature. Pourtant, aujourd'hui, la parenté entre les deux canidés, tout autant que l'origine du chien, sont devenues des sujets à la mode, puisque la complexité des croisements entre races n'est plus une entrave comme avant, mais au contraire un stimulant pour la recherche en génétique, beaucoup plus outillée grâce au développement de la biologie moléculaire.

On s'est rendu compte, il y a quelques années seulement, grâce à ces progrès méthodologiques, d'une part que les presque 400 races de chiens dérivent toutes du seul loup gris *Canis lupus*, le loup commun, et d'autre part que cela s'est produit il y a plusieurs dizaines de milliers d'années, donc bien avant que l'homme vive en villages... C'était inattendu, puisqu'il ne semblait pas y avoir de raison pour que le chien soit apparu avant la sédentarisation de notre espèce, ce qui le différencie de tous les autres animaux domestiques.

Comme chercheur au Centre national de la recherche scientifique (CNRS), j'ai fait une longue carrière d'éthologiste, observant sur le terrain le comportement et l'adaptation des oiseaux et des mammifères à leur milieu de vie, dirigeant une équipe de recherche et un laboratoire d'écologie des animaux sauvages.

J'ai passé près de neuf ans en Antarctique et sur les îles qui l'entourent, à étudier les manchots, les albatros, les phoques, les otaries et bien d'autres espèces. J'ai aussi passé plusieurs années à pister en forêt équatoriale les mandrills, qui sont des babouins très colorés et alors inconnus dans la nature. Le loup, je l'ai curieusement observé par hasard, en dehors de mon travail et à la maison, comme on le verra.

Maintenant, je suis retraité et j'écris surtout des livres grand public en français, après avoir publié deux livres en anglais et 240 articles scientifiques dans des revues internationales.

Mon exposé sera présenté en trois parties : premièrement, je vous résumerai ce qu'on sait du passage du loup au chien et je vous expliquerai le pourquoi de cette domestication ; deuxièmement, je vous raconterai brièvement mon expérience personnelle du loup, qui a été involontaire mais enrichissante, puisque qu'elle m'a permis de découvrir que le loup est altruiste. Vous aurez ainsi une idée des problèmes que pose la vie en famille avec un loup dans un appartement, ce qui n'avait jamais été fait à ma connaissance. Troisièmement, je vous décrirai les mœurs de cette espèce fascinante et sa niche écologique, qui était aussi celle de nos ancêtres avant le Néolithique.

Le loup sauvage et le chien domestique, ce n'est pas du tout la même chose malgré la parenté étroite et parfois l'apparence. C'est évident quand on a fréquenté les deux, le loup considérant le plus souvent le chien comme un canidé malhabile et donc une proie, sauf s'ils sont plusieurs à l'attaquer. Un chien est nourri par l'homme, avec bienveillance le plus souvent, alors qu'un loup est adapté à sa fonction de prédateur, donc étroitement sélectionné par le milieu où il doit trouver sa pitance. Il est donc plus performant jusque dans les plus infimes détails.

Avant même de voir ces deux cousins, on constate cette différence de contraintes sélectives par leurs traces dans la neige. Les loups se déplacent en ligne, plaçant leurs pas dans ceux du précédent et les pattes arrières dans les traces de celles de devant pour économiser l'énergie. Si vous voyez un chien par derrière en train de courir devant vous, il marche, lui, toujours un peu de travers et ne se préoccupe pas de marcher dans ses traces car l'énergie lui est moins comptée que celle de ses cousins sauvages. Dans la neige ou la boue, les traces de loups sont donc alignées et rares, alors que celles des chiens sont dispersées et nombreuses. Une sélection impitoyable pèse en permanence sur les loups et non les chiens, ce qui explique que tout ce qui est moins efficace disparaît dans la nature, que tout animal maladroit meurt de faim et ne se reproduit pas sans l'aide de l'homme.

## D'ou vient le chien ?

Pendant des siècles, l'origine du « meilleur ami de l'homme » a constitué un mystère. Plusieurs hypothèses étaient avancées. Les grands biologistes comme Charles Darwin et Konrad Lorenz se sont trompés en supposant que c'était un croisement entre plusieurs espèces de canidés comme le loup, le chacal ou le renard. Les chiens sont tellement différents les uns des autres que l'on ne pouvait imaginer qu'une seule espèce de canidé ait donné toute cette variété de races.

Une autre origine – moins directe qu'un ancêtre loup – était envisagée par quelques scientifiques : les chiens appelés parias, qui font les poubelles dans le Moyen-Orient et qui vivent en bandes autonomes. Certains pensaient qu'ils constituaient le terme de passage entre le loup et le chien domestique.

Grâce aux analyses biochimiques modernes, c'est la troisième hypothèse et la plus simple qui s'est révélée la bonne, malgré son apparente invraisemblance. Nos ancêtres ont capturé des loups, les ont domestiqués en éliminant les moins dociles, ce qui a donné le chien après plusieurs milliers d'années de sélection par l'homme, ou plus exactement ce qui a donné DES chiens différents adaptés à différents usages. Les analyses ADN ont montré que les apparences morphologiques étaient trompeuses pour indiquer les origines et les parentés entre races ou entre chien et loup. Cette révolution moléculaire a touché aussi les origines de notre espèce, puisque l'on vient d'apprendre qu'il y a 40 000 ans, il y avait au moins cinq hommes différents sur la Terre, alors que nous sommes aujourd'hui la seule branche restante du buisson humain…

Pour avoir une idée de leur distance génétique, elle se situe entre 1 et 2 % entre homme et chimpanzé, mais entre homme moderne et homme de Neandertal, elle est de 0,3 %. Pour ce qui concerne le loup, on a ainsi pu prouver, d'une part que tous les chiens dérivent de lui, et d'autre part chiffrer les parentés entre races. Entre un chien et un loup, la distance génétique est en moyenne de 0,2 %, mais entre un chien et un coyote, c'est-à-dire l'espèce la plus proche du loup, c'est 4 %.

Cela paraît incroyable quand on les voit et quand on les fréquente, mais en réalité, génétiquement, loup et chien sont si proches que la plupart des zoologistes estiment qu'ils doivent avoir le même nom d'espèce et être considérés comme des sous-espèces.

Entre races de chien, il peut paradoxalement y avoir beaucoup de distance parce que les hommes les ont fortement sélectionnées. Il existe entre chiens de telles différences de taille que dans aucune autre espèce animale existante, on ne peut atteindre une telle disproportion entre les sous-espèces que chez le chien, où les plus petites races sont le 200e des plus grandes…

Ce qui nous trompe sur cette parenté étroite que révèle l'ADN, et qui n'apparaît pas à l'œil, c'est qu'on remarque aussitôt les différences que l'homme a obtenues, sans voir ce qui est commun et qui est en réalité majeur. Chiens et loups sont très peu différents, mais ces différences sont très visibles, car l'homme a éliminé tout ce qui le gênait ou était inutile comme l'agressivité, le hurlement ou la vision nocturne…

Chez le chien, le squelette a été transformé, et en particulier le museau raccourci, par exemple chez le boxer. Pour déterminer si le canidé découvert dans un campement préhistorique est bien un chien, les paléontologistes examinent ses ossements et considèrent que le crâne doit être différent de celui du loup. Donc, un loup domestiqué par l'homme depuis des générations sans que sa morphologie soit modifiée est toujours considéré comme un loup sauvage. Les chiens ont ensuite été très modifiés par l'homme pour répondre à ses besoins.

Il existe encore des races reliques, comme le chien des Lofoten. Sur ces petites îles au large de la Norvège, les pêcheurs, qui ne trouvaient pas beaucoup de ressources en dehors des poissons, se nourrissaient des oiseaux marins venant se reproduire à terre. Pour les attraper dans les falaises et au fond des terriers, ils ont sélectionné leurs petits chiens non seulement dans leur comportement, mais dans leur morphologie. L'ergot, qui n'est pas mobile chez les autres chiens, fonctionne comme un sixième doigt pour pouvoir déterrer et saisir les oiseaux marins. Ces chiens surprenants arrivent à écarter complètement les pattes – comme nous le faisons avec nos bras – pour pouvoir grimper tout en haut des pentes. Ils peuvent fermer les oreilles et les narines quand ils tombent à l'eau. Vous avez ici un exemple de tout ce que l'on peut faire en partant du loup et en créant des races de chiens différents.

Au départ, il y a 20 000 ou 30 000 ans, il y avait seulement quelques races de chiens, et puis ces derniers siècles, de nombreuses ont été ajoutées. Il s'en créée encore de nouvelles, moins aujourd'hui pour des raisons utilitaires qu'esthétiques. Les différences entre le loup et le chien ne sont pas seulement morphologiques, elles sont aussi comportementales, sans que ce soit pour cela le résultat d'un dressage, c'est-à-dire d'un acquis, mais de traits héréditaires innés, obtenus par la sélection. Tout le monde sait que le loup hurle alors que le chien aboie. Ce n'est pourtant pas aussi tranché, parce que certaines races comme le husky, un chien de traîneau, ou le basenji, un chien africain, n'aboient pas, elles hurlent. Vous avez donc là des termes de passage avec l'ancêtre lupin. Bref, les races de chiens diffèrent entre elles et sont plus ou moins proches du loup.

## La domestication du loup

Chaque animal est rangé par la science dans une case où il a sa place logique. Dans la classe des mammifères, l'ordre des carnivores, la famille des canidés et le genre *Canis,* vous trouvez *Canis lupus*, le loup. Pour identifier et caractériser chaque espèce, vous avez, depuis le naturaliste Carl Linné, deux noms : le premier, le nom de genre, réunit les espèces proches comme ici le renard, le chacal, etc. Le deuxième est propre à une espèce, et pour la nôtre, c'est *Homo sapiens*. Mais où se trouve le chien, si proche du loup et si divers dans ses formes et, surtout, qui n'existe pas dans la nature ? Pour des raisons de commodité, les classificateurs les séparent le plus souvent, mais ils sont tellement proches que l'on devrait les considérer comme la même espèce. Dans la pratique, ils sont pour nous tellement différents que l'on a préféré en faire deux catégories distinctes. Pour la plupart des zoologistes, le chien est considéré simplement comme une sous-espèce du loup (*Canis lupus lupus* et *C.l. domesticus*). En fait, c'est le cas extrême d'un être vivant créé par l'homme : le chien est-il un OGM ?

En 2010, dans la revue *Nature*, a été publié un diagramme qui montrait les liens de parentés, c'est-à-dire les affinités biochimiques entre de nombreuses races de chien et des canidés (coyote, loups). Surprise, on y voyait que les chihuahuas et pékinois sont très proches du loup ! Comment imaginer, avant la mesure objective par l'ADN, que ces chiens miniatures sont proches de l'ancêtre sauvage, alors que le berger allemand souvent appelé chien-loup, en est éloigné ?

Les grands naturalistes, qui n'avaient que la morphologie pour juger des parentés, ont été trompés, ayant autant de mal que nous à accepter ce classement contre-intuitif des races de chiens en fonction de leur distance génétique au loup... En revanche, très éloignées de la souche sauvage, on trouve les races les plus récentes de chiens comme le border-collie. On comprend que cette race gagne les concours et soit si douée pour apprendre, puisqu'elle résulte d'une forte sélection lors des derniers siècles sur sa capacité à comprendre les consignes de son maître. Il a donc été créé pour être un chien de berger extraordinaire.

Pourtant, un vieil éleveur n'était pas de cet avis, et il nous confiait préférer les vieilles races de chiens bergers comme le bearded-collie, parce qu'elles sont plus capables d'autonomie pour ramener les animaux égarés, alors que pour lui, le border-collie n'est qu'un robot programmé pour obéir aux ordres ! Entre le loup (en réalité les loups, car il en existe plus de vingt sous-espèces, dont le poids varie de 20 kilos, dans les déserts de l'Inde à 80 kilos dans le Grand Nord) et les chiens les plus récents, il y a tous les cas de figure : certains chiens comme le husky arctique et le basenji africain sont encore très proches du loup ; le dingo, qui s'est différencié dans l'isolement de l'Australie, est un chien amené par les premiers aborigènes qui est retourné à l'état sauvage, et qui occupe aujourd'hui la niche écologique vacante du loup sur cette île-continent ; une race comme le chien-loup tchécoslovaque ou le saarloos est un berger allemand qui a été recroisé avec le loup il y a seulement un demi-siècle...

Un loup se reproduit au mieux une fois par an, alors que la plupart des chiens se reproduisent deux fois par an, parce que nos ancêtres ont favorisé les individus les plus prolifiques. Pourtant certains chiens, qui sont très proches du loup, ne se reproduisent encore qu'une fois par an et nous avons, ici encore, des intermédiaires. La domestication poussée si loin chez le loup pour donner le chien, c'est aussi ce que l'on a fait avec la plupart des animaux domestiques, en particulier le sanglier, pour donner le cochon. Le porc est en effet le descendant du sanglier sauvage. Comme pour le loup, nos ancêtres ont sélectionné les individus les plus dociles dans les portées. Parallèlement, ils ont augmenté la natalité en faisant reproduire les truies les plus fécondes. Quand on croise un sanglier avec un cochon, on obtient ce qu'on appelle des « cochangliers », et ces êtres à moitié domestiques posent un problème, car ils produisent trois fois plus de jeunes. Dans les années 1970, des dizaines de milliers de cochangliers ont été relâchés dans la nature française pour multiplier le gibier chassé. En ce moment, nous avons donc des proliférations de « sangliers », en apparence du moins, car le plus souvent l'analyse ADN prouve que ce ne sont plus des purs, mais des hybrides... Nos campagnes et même nos banlieues sont donc pleines de chimères et on ne sait plus ce qui est naturel dans cette faune dite sauvage ! Or le sanglier était la proie favorite du loup revenu chez nous, et les cochangliers sont vraisemblablement encore plus sensibles à la prédation que leurs ancêtres...

Le sanglier qui a donné le cochon, l'auroch qui a donné la vache, c'est un peu la même histoire de la domestication et de la sélection par l'homme que le chien et le loup, mais plus récente, puisqu'elle date de seulement quelques milliers d'années. Le pelage est devenu coloré et tacheté, l'agressivité moindre et la prolificité a été augmentée. Évidemment, dans la nature, il ne pouvait pas y avoir des vaches ou des sangliers avec des couleurs aussi visibles, car les prédateurs les auraient éliminés en priorité. De même les oreilles, qui deviennent tombantes chez les chiens ou les lapins, ont peu d'avenir chez des individus en liberté, car il vaut mieux avoir les oreilles dressées pour entendre l'arrivée du prédateur ou de la proie ! C'est à peu près le même scénario qui s'est déroulé pour bien des espèces domestiques : il est possible en quelques générations de changer la morphologie, la physiologie et même l'éthologie d'un animal en faisant reproduire seulement les individus qui possèdent les caractères que l'on veut favoriser.

## Le chien, un ado éternel

Pourquoi l'homme a-t-il créé le chien ? Pour comprendre le passage du loup au chien, il faut savoir que le loup, pourtant si utile pour chasser et garder le campement, devenait dangereux quand il devenait adulte. Chaque année, les loups remettent en question leur position hiérarchique dans le groupe, puisqu'un seul couple se reproduit normalement dans la meute. Empiriquement, nos ancêtres, les hommes préhistoriques, ont sélectionné dans les portées les louveteaux les moins agressifs et les ont reproduits entre eux pour conserver ce caractère.

En éliminant parallèlement les individus à problème de leurs campements, ils ont obtenu des individus dociles qui restent juvéniles toute leur vie et ne remettent jamais en question la dominance du chef de meute. Or dans une famille de chasseurs préhistoriques, le maître du chien était le dominant, et si le loup (ou le chien trop proche du loup) devenait agressif en attaquant parfois le chasseur ou ses proches, il fallait l'éliminer. Il y a quelques dizaines de milliers d'années, nos ancêtres ont donc sélectionné – sans en prendre vraiment conscience – des individus particulièrement dociles pour arriver à des chiens.

En créant ainsi des « adolescents éternels » qui acceptent toute leur vie la dominance de leur maître, on a évité la plupart des risques d'accidents, si fréquents avec un fauve normalement très affectueux avec ses proches (comme nous allons le voir), mais qui, dans un mouvement d'humeur, en une seconde peut broyer une main d'un coup de dents...

Dans votre famille, qu'est-ce qu'un chien par rapport à vous ? Comment éviter les disputes et les morsures ? Comme nous l'avons vu, le chien reste toute sa vie un jeune loup qui respecte le chef de meute que vous êtes même sans vous en rendre compte. C'est beaucoup plus facile qu'avec un loup adulte, avec lequel toute erreur ou conflit peut provoquer un drame. Mais si vous ne comprenez pas la règle du jeu ou si vous ne vous conduisez pas un minimum en chef de bande, un chien peut vous remettre en question et vous attaquer pour établir sa dominance.

Les vétérinaires comportementalistes et les éducateurs canins doivent perpétuellement corriger les gens qui ignorent cela, et ne s'entendent pas bien avec leur toutou redevenu loup. Si vous laissez votre chien décider de tout, alors qu'il attend que vous vous conduisiez comme un maître-chien, c'est-à-dire comme un chef de meute, si vous le laissez sortir quand il veut et où il veut, monter sur les canapés et les lits, manger quand il veut et avant vous, vous risquez d'avoir des problèmes, surtout si votre chien est dominant. Il faut que vous gardiez un ascendant sur votre compagnon, ce qui ne signifie surtout pas le terroriser ou le battre, mais exercer une dominance bienveillante, une sorte de paternalisme.

À la fin des années 1950, un généticien russe, Dmitry Belyaev, a voulu renouveler avec le renard arctique ce qui avait été fait il y a longtemps avec le loup pour créer le chien. Il en a pris plusieurs centaines dans des élevages sibériens de fourrure, et les a sélectionnés pour ne reproduire que les plus dociles. En huit générations, les animaux venaient se frotter contre les soigneurs, alors qu'au départ ils les fuyaient ou essayaient de les mordre. Il pensait avoir créé un nouveau chien à partir d'une autre espèce que le loup. C'était un succès sur le plan de la familiarité avec l'homme, mais un échec en matière de connivence, parce que jamais un renard sélectionné ne devient aussi complice, ne s'intègre aussi bien aux humains qu'un chien. Je crois pouvoir expliquer ce demi-échec par le fait que le renard est beaucoup moins sociable. Dans la nature, il vit en solitaire, alors que le loup vit en meute dès qu'il le peut et n'est isolé qu'en période de dispersion, quand il cherche un conjoint pour créer une nouvelle meute. La structure sociale habituelle du renard, c'est l'individu ou le couple alors que l'unité sociale du loup, c'est la meute, c'est-à-dire la famille élargie : à mon avis, le généticien Belyaev n'a pas tenu compte de l'éthologie différente des deux espèces. C'est pour cela, me semble-t-il, qu'il n'est jamais arrivé à obtenir le compagnon, le « meilleur ami de l'homme » que nous avons trouvé dans le chien en partant du loup. La base psychophysiologique n'existait pas chez le renard, alors qu'un loup essaie de vivre toujours en clan, en société coopérative. Bref, à mon avis, il n'est pas parvenu à sélectionner chez le renard cette socialité extrême, pour la bonne raison qu'elle n'existait pas au départ comme chez le loup.

Je rappelais au début que les savants ont longtemps estimé que les chiens étaient sans intérêt parce que trop modifiés par l'homme. Il est vrai que paradoxalement, un chien est plus difficile à comprendre qu'un loup dont les adaptations morphologiques, physiologiques et éthologiques s'expliquent quand on le voit vivre dans son milieu naturel et chasser en meute. Si vous observez un lion dans la savane en train de manger une antilope, vous n'avez pas besoin de chercher pourquoi il a des dents, des griffes, pourquoi il vit et attaque en bande, pourquoi il tend une embuscade en sachant qu'un autre est embusqué pour intercepter la proie. Vous voyez bien que c'est un prédateur social et que tout est compréhensible à partir de cette clef. En revanche, quand vous observez un lion en cage ou un animal domestique comme le chien, vous ne disposez plus du contexte naturel pour interpréter ses adaptations et tester vos hypothèses.

Nous pouvons donc facilement nous tromper en prêtant à l'animal domestique des sentiments humains, ce que l'on nomme l'anthropomorphisme. À Budapest, une équipe de recherche est spécialisée dans la psychologie canine. Ce laboratoire affirme que les chiens sont beaucoup plus intelligents que les loups parce qu'ils ont appris de l'homme. J'en doute et je me demande si ces chercheurs n'ont pas tendance à considérer que ce qui est humain est nécessairement supérieur, et que ce qui se rapproche de notre espèce comme le chien devient intelligent par contagion... Lors de leurs expériences, il est exact que les loups n'ont pas tenu compte des indications de l'expérimentateur indiquant du doigt sous quel bol se trouvait la croquette alors que les chiens y ont été attentifs, mais mon interprétation est différente. N'oublions pas qu'un chien est un « ado » de loup. Il suit en permanence les indications du « chef de meute ». Quand vous lui indiquez la bonne gamelle, le chien regarde et suit votre indication comme un enfant regarde ce que lui montre son parent, alors que le loup est un adulte qui ne dépend pas de vous et ne s'occupe pas de ce que vous lui dites.

Si l'on pense que l'homme est au summum de la pensée, on va en déduire que le chien est intelligent et que le loup est bête. Allez pourtant expliquer aux bergers qui ne parviennent pas à tenir à distance les démons rôdant autour de leurs troupeaux, qui parviennent à déjouer les clôtures électrifiées et les chiens de protection, que le loup est débile… En outre, le loup a anatomiquement un tiers de cerveau de plus que le chien, et cela doit bien servir à quelque chose. C'est d'ailleurs généralement le cas, quand on compare le volume cervical d'un animal domestique comme le cochon et la poule à son ancêtre sauvage, dont la vie posait autrement plus de problèmes.

## Depuis quand, et où le chien a-t-il été domestiqué ?

Le chien est l'animal domestique le plus ancien, mais de très loin, à tel point qu'il est hors concours, si je puis dire. Tous les autres animaux domestiques ont été sélectionnés après la sédentarisation de notre espèce au Néolithique, donc il y a moins de 10 000 ans, quand nous avons opté pour l'agriculture et avons cessé d'être des chasseurs-cueilleurs. Des ossements de chat, par exemple, ont été trouvés jusqu'à il y a 9 500 ans, et nous en trouverons peut-être jusqu'à 10 000 ans, mais vraisemblablement pas plus, pour la bonne raison que le rôle du chat était de chasser les souris, c'est-à-dire protéger les amas de grains récoltés pendant l'été qui devaient permettre à nos ancêtres de passer l'hiver. Il fallait donc un prédateur qui mange les rongeurs, si l'on ne voulait pas se retrouver sans rien à manger pendant la mauvaise saison.

En revanche, le chien, c'est un autre monde, et j'en ai pris conscience peu à peu, comme vous allez le voir quand je vous conterai mon histoire. Au CNRS, j'ai passé quarante ans à étudier une trentaine d'animaux sauvages sur le terrain, et j'avais donc l'expérience d'autres espèces, mais j'ai été stupéfait par le loup et le chien auxquels j'ai eu accès en dehors de mon travail, et qui ouvrent des perspectives immenses sur la relation animal-homme.

Si on regarde un schéma indiquant les origines et anciennetés des différentes domestications, on voit que le chien apparaît il y a environ 30 000 à 35 000 ans à partir du loup. C'est encore en discussion, mais ce qui est important, c'est que c'est bien avant la sédentarisation de l'homme et la création des autres animaux domestiques. Jusqu'à il y a une dizaine d'années, on croyait que le chien était avec nous depuis 8 000 ans, et cela paraissait logique, sachant que les premiers villages datent d'environ 10 000 ans Mais les paléontologues ont trouvé des ossements plus anciens de chiens dans les tombes préhistoriques et on a penché vers 12 000 ans, puis 20 000 ans. Actuellement, les datations les plus anciennes de restes de loups modifiés par l'homme atteignent 36 000 ans, soit 26 000 ans avant la sédentarisation de l'homme ! Les recherches et les débats sont si actifs et vifs que cela se précise de semestre en semestre. Il y a même des généticiens qui pensent que le chien date de 100 000 ans, mais c'est alors par extrapolation à partir d'horloges moléculaires. Cela demanderait donc à être confirmé par des datations d'ossements.

De leur côté, quelques chercheurs placent à 300 000 ans, non pas l'origine du chien, mais les premiers loups domestiqués, ce qui signifie que ce ne serait pas *Homo sapiens* mais probablement des *Homo erectus* qui auraient effectué les premières domestications ! En effet, en Chine, on a trouvé des restes de loups qui étaient dans des tombes d'humains primitifs. Mais qu'y faisaient-ils ? Est-ce que c'était l'animal totem du clan qui était vénéré, ou bien les premiers loups domestiqués, mais pas encore modifiés par la sélection ? Il reste donc des découvertes à faire dans ce domaine.

Mais pourquoi avoir domestiqué le loup si tôt ? D'après les préhistoriens, nous étions avant le Néolithique, c'est-à-dire pendant les premiers 95 % de notre existence d'*Homo sapiens*, des chasseurs en bandes de gros gibier. Seul primate chasseur coopératif, nous occupions exactement la même niche écologique de prédateur social que le loup, et nous étions obsédés comme lui par la quête du gibier, comme en témoignent les peintures rupestres.

Nous étions donc des chasseurs-cueilleurs coopératifs, mais chaque sexe avait sa spécialité : les chasseurs étaient les hommes qui partaient dans des expéditions de plusieurs jours, et les cueilleurs étaient les femmes qui restaient avec les enfants. Elles patrouillaient autour du campement qu'il fallait changer régulièrement quand le gibier, les fruits, les racines, les larves d'insectes, les poissons, les champignons se faisaient rares, d'où notre mode de vie nomade.

Les ethnologues ont montré que les derniers chasseurs-cueilleurs multiplient par trois leur succès quand ils possèdent un chien, c'est-à-dire qu'ils attrapent beaucoup plus de gibier. Pourquoi cette association entre homme et loup ? Le canidé entend une bande de fréquence double de celle de l'homme, il court deux fois plus vite, il possède dents et griffes, et son flair est autrement meilleur que le nôtre.

On comprend que cette convergence d'intérêt pour la chasse ait rapproché l'homme et le loup bien longtemps avant l'agriculture et l'élevage. Le premier qui a découvert cette possibilité de chasser avec un loup apprivoisé a dû être surpris, et il a obtenu en prime un gardien si vigilant de son campement qu'il pouvait dormir dorénavant sur ses deux oreilles. Quand notre espèce s'est sédentarisée dans des villages, ce dernier rôle s'est maintenu, mais on a sélectionné des chiens pour différentes fonctions, comme la garde des troupeaux ou la traction de traîneaux dans le Grand Nord.

## Comment a été domestiqué le loup ?

Avant de créer le chien, il a bien fallu que nos ancêtres domestiquent le loup, c'est-à-dire apprennent à cohabiter et à collaborer avec lui. Comment cela s'est-il produit ? Deux théories s'opposent. Soit les loups sont devenus des commensaux qui suivaient les clans de chasseurs préhistoriques pour manger leurs restes, et ils sont devenus peu à peu les premiers animaux domestiqués. Soit nos ancêtres chasseurs ont trouvé des louveteaux dans leur tanière et les ont ramenés au campement pour amuser les enfants, comme je l'ai vu faire par les pygmées avec les jeunes singes. Ils se sont alors aperçus que, curieusement, ces louveteaux s'intégraient automatiquement et étroitement dans le groupe humain.

C'est le phénomène bien connu en éthologie de l'imprégnation sociale (que l'on attribue à Konrad Lorenz – que j'ai bien connu –, mais qui a été découvert par son professeur, Oskar Heinroth). Les animaux très sociaux comme les loups ou les oies ne connaissent pas d'instinct leurs congénères et considèrent comme leur espèce l'être vivant qu'ils voient en premier à la naissance. C'est ce que faisaient les oies de Lorenz qui, le voyant à l'éclosion, le prenaient pour leur mère et le suivaient partout. On peut ainsi tromper les systèmes de reconnaissance de la parenté qui, normalement, permettent de connaître ses semblables sans erreur dans la nature, mais qui ont été ici détournés par l'homme.

Dans le cas du loup, de même, le nouveau-né s'intègre aussitôt au groupe humain dans lequel il ouvre les yeux parce qu'il croit se trouver dans une meute. À la thèse de la commensalité s'oppose donc la thèse de l'adoption, qui permet une plus grande intimité et me paraît plus crédible pour expliquer la domestication du loup. Mais ces deux thèses ne s'excluent pas nécessairement, me semble-t-il, et peuvent se compléter selon les circonstances.

Si nous avons dû créer le chien, c'est, comme nous l'avons déjà évoqué, pour éviter la remise en question de notre statut social lorsque le loup a passé ses deux ans et qu'il veut monter dans la hiérarchie pour pouvoir accéder à la reproduction, puisque seul le couple dominant peut normalement s'accoupler dans une meute. Si vous n'êtes pas trop sûr de vous ou si vous ne connaissez pas assez bien le loup que vous avez élevé, il risque fort de vous attaquer au début de la saison de reproduction. Il y a eu probablement des accidents nombreux qui ont obligé à sélectionner des loups de plus en plus dociles au fil des millénaires. Nos ancêtres ont ainsi obtenu des canidés qui demeurent juvéniles toute leur vie, afin d'éviter qu'ils n'attaquent la femme ou l'enfant ou le voisin. Nous sommes ainsi parvenus à créer des loups plus faciles à vivre, moins dangereux, et des adolescents permanents qui acceptent la dominance de l'homme au-delà de l'enfance, bref, des chiens.

Combien y a-t-il eu de berceaux de domestication du loup dans le monde, c'est-à-dire de foyers de création du chien ? C'est encore un sujet de vif débat. Il y a deux ans, certains généticiens chinois ont affirmé qu'il y en avait un seul et en Chine, bien sûr. L'année dernière, d'autres généticiens ont trouvé un autre berceau en Europe du Nord. Il y en a donc au moins deux, l'un au fin fond de la Chine et l'autre en Sibérie. C'est très éloigné et cela suppose donc qu'il y a eu plusieurs groupes d'humains ayant compris indépendamment comment modifier le loup pour en faire le chien. Ce sera certainement clarifié dans les années qui viennent, car c'est très compliqué, rien n'empêchant de croiser les chiens entre eux ou de les recroiser avec des loups...

Vous ne pouvez pas savoir en étudiant son squelette trouvé près de restes humains si vous avez affaire à un loup sauvage, ou domestiqué mais non modifié. Vous ne savez que vous avez affaire à un chien que lorsque le squelette, en particulier le crâne, a été fortement modifié à la suite de la sélection par l'homme sur plusieurs générations, donc après plusieurs siècles.

Les chasseurs-cueilleurs ont peut-être domestiqué le loup pendant plusieurs milliers d'années avant de trouver comment modifier sa morphologie et son agressivité. Il a dû se passer beaucoup de temps avec son lot de morsures et d'accidents tragiques dans les campements, avant de trouver un compromis entre le danger d'accident et l'augmentation de l'efficacité de la chasse qu'apportait le concours d'un loup. Il fallait l'éliminer et en changer chaque fois qu'il devenait trop âgé et sûr de lui, donc dangereux au début de l'hiver. Probablement y a-t-il eu un hiatus de plusieurs milliers d'années entre le premier loup domestiqué et le premier chien.

Cette évolution des connaissances sur l'ancienneté du chien explique aussi que les interprétations des chercheurs aient pu changer radicalement en fonction de l'état de la science. Michel-Alain Garcia, un spécialiste des traces d'animaux, a étudié les empreintes de canidés qui ont été découvertes sur le sol de la grotte Chauvet, à côté de celles d'un garçon de 10 ans. Il a estimé que ces empreintes de pattes étaient trop allongées pour être celles d'un loup, et il les a attribuées à un chien. Or elles étaient vieilles de 26 000 ans, alors qu'à l'époque les premiers chiens étaient datés de 15 000 ans ! Son diagnostic a donc été écarté mais, avec l'ancienneté largement accrue du chien découverte ces dernières années, il devient à nouveau possible qu'un des premiers chiens ait accompagné un enfant à Chauvet, comme le rapportait Jean Clottes dans sa nécrologie du chercheur.

Dans un article publié en 2013, je concluais en me demandant si cet accroissement systématique du gibier qu'ont apporté le loup, puis le chien, n'a pas vidé les forêts de leur gibier juste avant le Néolithique, augmenté la natalité de nos ancêtres et obligé les humains à trouver de nouvelles ressources dans l'agriculture et l'élevage... Le chien serait-il donc à l'origine de la civilisation ? Je me demandais aussi si *Homo sapiens,* colonisant l'Eurasie avec un canidé qui permettait des chasses miraculeuses n'expliquait pas la démographie bien plus grande de cet homme moderne, probablement en compétition avec l'homme de Néandertal, dont la démographie était de l'avis général faible, ce qui pourrait contribuer à expliquer sa disparition de la planète[4]...

Autre mystère, des crânes de chiens primitifs ont été trouvés dans des campements préhistoriques en Sibérie, et entre leurs dents se trouvaient des ossements de mammouths. Ces mégamammifères, qui étaient la proie favorite de nos ancêtres, ont été exterminés par eux. Mais les indigènes actuels de ces mêmes régions arctiques, quand

4. Pierre Jouventin, *La Domestication du loup,* dans *Pour la Science* de janvier 2013, p. 42-49.

ils enterrent leurs meilleurs chiens de chasse, continuent à placer entre leurs dents un os du gros gibier favori. Hasard ou persistance d'une tradition après des milliers d'années ?

On voit que les perspectives qu'ouvre l'irruption du chien dans notre passé sont impressionnantes. Nous n'en sommes probablement qu'au début de la découverte de leur rôle dans notre évolution sociale. Tout cela n'a été possible que parce qu'il est facile d'intégrer un louveteau dans un groupe humain s'il n'a pas connu son espèce (imprégnation sociale), mais aussi parce que le loup présente une convergence écologique avec l'homme qui, lui aussi et parfois les deux ensemble, chassait en bande les grands herbivores. Voyons maintenant ce que nous avons découvert par hasard.

## Un loup dans la maison

Nous arrivons à la deuxième partie de mon exposé, la plus intime, celle que je conte en détails dans mon livre *Kamala, une louve dans ma famille*[5]. J'avais gardé la rédaction de ce récit pour ma retraite, car je me disais : « Cela mérite d'être partagé et approfondi. » J'ai voulu prendre le temps de creuser la question parce que pour un scientifique, faire un livre sans recherche bibliographique et sans réflexion, c'est superficiel. Mon éditeur aurait préféré un digest s'en tenant aux anecdotes, mais j'ai tenu bon. Mon but était moins de faire un succès de librairie que d'explorer à cette

5. Livre de Pierre Jouventin, 2012, *Kamala, une louve dans ma famille*, éditions Flammarion.

occasion les tenants et les aboutissants de cette situation unique.

Il est très facile d'élever un loup dans un enclos à côté de la maison, mais personne, à ma connaissance, n'a élevé un loup dans un espace aussi restreint qu'un appartement. Cette contrainte inattendue allait créer une intimité exceptionnelle et nous faire découvrir des facettes insoupçonnées – même des spécialistes – sur la vie sociale de cet animal. Mon histoire a été d'ailleurs traduite en italien et date de plus de quarante ans.

Curieusement, ce n'est pas arrivé dans le cadre de mon travail. J'étais basé entre mes missions lointaines à l'université de Montpellier, et en relation constante avec le directeur du zoo, M. Gallet. Il m'arrivait de lui donner des conseils pour héberger ses animaux d'une manière plus éthologique, c'est-à-dire en leur procurant des conditions de vie meilleures. Un jour, il me téléphone à l'université et me dit : « Je sais que votre femme est amoureuse des loups, et vous êtes tout à fait capable de vous occuper d'un élevage pareil. On vient d'avoir une portée de louveteaux, mais on va devoir les euthanasier parce qu'on ne parvient pas à les vendre, notre enclos étant trop petit pour en accueillir plus. » Il me propose donc d'en recueillir un et me met ainsi dans l'embarras car, bien qu'à l'époque ce soit autorisé par la loi, j'étais contre le principe de garder des animaux sauvages chez soi. Sur le plan des connaissances, je pensais aussi que scientifiquement cela ne servirait à rien, pour la bonne raison que je n'allais rien apprendre de nouveau dans des conditions d'élevage aussi artificielles.

J'ai quand même demandé à mon fils, qui avait peur des chiens, et à mon épouse qui n'a pu résister. Ils étaient tellement emballés que l'on s'est retrouvés avec un loup à la maison qui n'avait pas encore ouvert les yeux, et que nous avons nourri au biberon. Il faut dire que j'avais 35 ans, j'étais enthousiaste et un peu naïf : je n'ai pas vu le problème que cela posait et je m'étais piégé moi-même !

Nous habitions en plein centre de Montpellier, au deuxième étage, dans un appartement de 100 mètres carrés avec un minuscule balcon, et j'étais en train de retaper la maison que j'habite actuellement. Comme bien d'autres avant moi qui ont bâti leur maison, je pensais : « C'est bientôt fini. On ne va pas tarder à amener Kamala. Il faut patienter quelques mois. » J'avais prévu un parc clos d'un hectare autour de cette maison, et j'ai aussitôt rallongé le grillage de 50 centimètres sous terre pour éviter les escapades. Je ne sais pas si vous avez vécu dans un chantier de maison en construction, mais il dure souvent bien plus que prévu. Nous avons eu plusieurs années de retard et nous nous sommes retrouvés avec un loup largement adulte, pendant quatre ans dans notre appartement.

J'ai fait des recherches bibliographiques et je n'ai pas trouvé un cas semblable d'éleveur qui soit resté dans un milieu aussi restreint avec un loup pendant des années, ce qui a créé une intimité unique. Des vétérinaires autrichiens ont tenté de faire élever des louveteaux par des étudiants dans des villas encloses pour voir s'ils s'apprivoisaient au contact permanent de l'homme et devenaient aussi dociles que des chiens : les premiers étudiants ont craqué au bout de deux mois, et les derniers de quatre mois… En ayant vu les énormes problèmes que nous avons eus alors que c'était mon métier et que mon épouse a un remarquable contact avec les animaux, j'en suis venu à la conclusion que c'est à peu près insurmontable et que je ne recommencerais pour rien au monde. Nous ne nous rendions pas compte de la difficulté et nous aurions pu répéter la phrase de Marc Twain : « Ils ne savaient pas que c'était impossible, alors ils l'ont fait ! »

Nous nous sommes donc retrouvés avec un loup à la maison. Je croyais au début que nous aurions affaire à un chien un peu plus sauvage, mais pas du tout, c'est vraiment autre chose. Je n'avais jamais élevé de chien, parce que je les trouvais un peu serviles, habitué aux animaux sauvages. Mais après cette expérience traumatisante quoique inoubliable, j'ai compris pourquoi nos ancêtres ont créé le chien, et j'en ai eu depuis une vingtaine ! Un loup est beaucoup plus vif, beaucoup plus agressif, beaucoup plus dangereux, beaucoup plus déterminé, mais aussi beaucoup plus affectueux. Comme vous pouvez le voir sur les photos et vidéos de mon site[6], nous nous sommes donc retrouvés avec cette louve en famille avec un enfant de 10 ans. Ma femme était très contente, mais moi, je me demandais parfois dans quel pétrin je m'étais fourré et comment en sortir. On ne pouvait plus ramener l'animal au zoo parce qu'elle se serait fait attaquer par sa famille, qui ne l'aurait pas reconnue. Nous n'allions pas l'euthanasier alors qu'elle en avait réchappé, donc il fallait s'adapter !

6. http://pierrejouventin.fr

La louve adorait mon épouse, qui était toujours avec elle, mais il lui arrivait de me houspiller quand j'étais parti trois mois en mission en Antarctique, et que je revenais après cette longue absence… Cette cohabitation a ainsi entraîné des histoires de fous. Par exemple, quand vous donnez trop à manger à un loup, il cache sa nourriture, et avant de comprendre cela, il nous est arrivé de retrouver sous notre oreiller une langue-de-bœuf sanguinolente !

## Le loup est altruiste

Dans mon métier, je m'étais spécialisé dans l'observation des animaux sauvages dans la nature, parce qu'elle permet de comprendre les contraintes sélectives qui ont modelé chaque espèce pour l'adapter à un mode de vie particulier. J'étais donc bien persuadé que je n'observerais rien de nouveau sur cette espèce dans des conditions de captivité aussi contraignantes, mais c'est le contraire qui est arrivé, du fait de cette promiscuité, justement. Sans l'avoir voulu, nous avons découvert quelque chose d'original et d'important dans le comportement familial du loup, pourtant aujourd'hui bien connu, parce qu'aucun chercheur ne vit dans la meute.

Bien que cette adoption se soit passée hors du cadre professionnel, je ne pouvais bien évidemment m'empêcher de décoder les comportements sociaux de Kamala, mais certains restaient incompréhensibles. Nous nous demandions pourquoi elle nous tirait par le fond du pantalon quand nous nous penchions au balcon ou quand nous entrions dans un grand carton, pourquoi elle nous saisissait délicatement par le coude quand nous prenions notre bain, ou nous barrait le passage quand nous approchions d'un trou ou d'une piscine. Après six mois d'interrogations, nous avons enfin compris, lorsque nous sommes allés nous baigner dans l'Hérault près de Ganges, et que dix fois de suite elle s'est jetée à l'eau pour ramener à la rive mon épouse qui nageait. J'ai photographié et filmé ces scènes, car je me doutais bien que je ne serais pas cru sur parole[7].

Tout devenait clair, elle voulait protéger ses intimes des dangers. Quand je l'ai rapporté, il m'a quelquefois été répliqué que ma louve était spéciale, mais j'ai pu vérifier sur d'autres loups élevés aussi avec beaucoup de proximité par l'homme que ce comportement de protection des proches n'était pas particulier à la nôtre. D'ailleurs, certaines races de chien ont manifestement hérité de ce gène possible de l'altruisme, qui est adaptatif chez leurs ancêtres sauvages très solidaires : ils se jettent à l'eau pour sauver leur maître et le défendent quand il est menacé, alors que d'autres races sont en partie, ou complètement indifférentes. Ce n'est pas un comportement acquis, mais inné, qui cadre bien avec le comportement éminemment social de cette espèce.

Comment expliquer que les spécialistes du loup n'aient jamais observé cette entraide dans la meute malgré une vie passée à les observer, que David Mech ou Luigi Boitani, les spécialistes américains et européens de cette espèce l'aient niée quand je leur ai montré mes films et photographies,

7. *Idem*, à découvrir sur mon site.

interprétant ces comportements étranges comme des jeux ? D'une part, des récits de ce type paraissent anthropomorphiques et, par nature, un scientifique est prudent, même à l'égard d'un confrère. D'autre part, il est à peu près impossible de voir ces comportements d'entraide si l'on n'est pas considéré comme un membre de la famille, ce que nous avons réalisé involontairement en étant forcés de vivre dans la promiscuité si longtemps.

Pour comprendre comment un animal peut se conduire de manière altruiste sans pour cela faire appel à des notions de raisonnement et de morale humaine, il faut dire un mot de l'histoire de l'éthologie. La culture a longtemps été considérée comme le propre de l'homme, mais dans les années 1970, des chercheurs japonais l'ont décrite chez des macaques qui innovaient dans leurs habitudes alimentaires et transmettaient aux proches des comportements tels celui de tremper la nourriture dans l'eau de mer pour enlever le sable et la saler. Aujourd'hui, comme pour la culture, les observations de comportements coopératifs ont été rapportées chez de nombreux animaux. De la même manière et jusqu'à récemment, l'altruisme était considéré comme typiquement humain, car on ne pensait pas qu'il puisse avoir une base génétique. Mais ces dernières années, des exemples d'entraide entre individus apparentés (*kin-selection* ou « sélection de parentèle » pour les spécialistes) ont été fréquemment décrits, et en particulier chez les insectes sociaux (abeilles-termites-fourmis), où ils constituent le ciment de la vie sociale.

Le grand Charles Darwin n'avait pas pu expliquer comment les sociétés supérieures d'insectes fonctionnent.

Il avait montré avec succès, dans son célèbre ouvrage *L'Origine des espèces*, paru en 1859, que les animaux évoluent parce que la variabilité de leurs caractères donne prise à la sélection naturelle. En 1902, dans son livre *L'Entraide*, Pierre Kropotkine a compris que la compétition n'était pas la seule force sociale et que la coopération agissait tout autant dans la nature quand une mère défend ses petits ou un mâle sa troupe. Dans les années 1960, un chercheur de l'université d'Oxford, William Hamilton, a démontré mathématiquement que l'hérédité familiale permet à des traits de se transmettre autrement que directement par les individus.

Quand, par exemple, une ouvrière stérile d'abeille élève les milliers de jeunes de la reine alors qu'elle est sa sœur et possède presque le même patrimoine héréditaire, elle contribue à le transmettre même sans se reproduire, comme une tante célibataire qui prend soin des enfants de sa sœur et favorise ainsi la descendance de la famille[8]. Dans les espèces les plus sociales comme les suricates, ces mangoustes-vedettes de la télévision, les membres de la famille s'entraident aussi et se protègent mutuellement, non par raisonnement mais par instinct, la sélection n'étant plus individuelle mais familiale.

Si nous avons ainsi pu voir chez le loup un comportement qui ne concerne que la solidarité la plus intime, alors que nous ne faisions même pas partie de l'espèce,

---

8. Pour plus de détails sur la génétique de l'altruisme, lire le livre de P. Jouventin, *La Face cachée de Darwin*, paru en 2014 chez Libre & Solidaire.

c'est grâce au phénomène d'imprégnation sociale que nous avons évoqué précédemment. Vous vous souvenez peut-être de ce mécanisme qui fait croire à un animal vivant en groupe permanent apparenté, comme les oies de Konrad Lorenz, qu'il fait partie d'une autre espèce s'il la voit en ouvrant les yeux. Les loups, vivant normalement en meute, ne connaissent pas leur espèce et se croient des hommes s'ils en voient à la naissance. Défendant manifestement leurs proches, ils en arrivent ainsi à défendre les humains avec lesquels ils vivent.

Dans la nature et dans sa meute, si l'un d'entre eux est tué en sauvant d'autres membres de sa famille, il a contribué néanmoins à protéger son patrimoine génétique. Il ne défend pas pour cela tous les loups, c'est-à-dire qu'une meute peut décimer une autre meute pour acquérir ou défendre son domaine vital. En revanche, à l'intérieur du groupe, quand un loup est en danger, il est protégé par les autres, et ce d'autant plus qu'il en est proche génétiquement. C'est du moins ce que j'avance, et je sais qu'avec le temps, cela sera reconnu parce qu'il y aura un jour ou l'autre des scientifiques qui arriveront à l'observer. Mais ce n'est pas facile à voir, pour la bonne raison qu'il faut faire partie de la famille[9] !

9. L'article scientifique publié dans une revue internationale qui défend cette thèse est : Jouventin, P., Christen, Y., F.S. Dobson, 2016, « Altruism in wolves explains the coevolution of dogs and humans. in Ecology and Evolution » 9: 4-11.

## Le loup est un bouc émissaire

Troisième partie de mon exposé, rétablissons quelques vérités sur le loup dans la nature, car des énormités sont proférées en ce moment chez nous pour accroître la haine contre ce qui symbolisait la Bête du Diable au Moyen Âge. À Noël, José Bové, député « vert » et ancien éleveur, a attisé le feu (par exemple dans une interview de *La Gazette de Montpellier*). Il y aurait d'après lui dix fois plus de loups en France que ce que les techniciens de l'Office national de la Chasse et de la Faune sauvage (ONCFS) en ont compté et, contrairement à leurs analyses génétiques qui chiffrent le taux d'hybridation à environ 7 %, ils seraient dans leur majorité croisés avec des chiens ! Or les comptages effectués dans notre pays sont considérés comme les plus fiables. Mais le fait de devenir des hybrides permettrait de les tuer sans tenir compte de leur statut d'espèce protégée, puisqu'ils ne sont plus des loups...

Je ne prétends bien sûr pas qu'ils ne mangent pas de moutons, et je comprends les difficultés des éleveurs qui avaient du mal à équilibrer leurs comptes avant même son retour à travers les Alpes en 1992. Il leur faut donc payer en plus des bergers et ajouter des chiens de protection comme le patou. Mais les dégâts aux élevages sont indemnisés par l'État sans trop chercher à discriminer ce qui est dû aux chiens errants ou aux loups, et cela coûte 25 millions d'euros par an aux contribuables. Dans les pays voisins comme l'Italie et l'Espagne, où les loups n'ont pas été éradiqués comme chez nous suite à l'attribution de primes et où la culture de protection des troupeaux n'a pas disparu, leur présence n'a jamais empêché le pastoralisme. Pourtant, ils y sont, en ce moment, cinq fois plus nombreux...

Nous avons attisé dans notre pays une guerre du loup, avec ses inconditionnels qui ne voudraient pas qu'un seul soit tué, mais qui ne sont pas entendus des pouvoirs publics, et les inconditionnels du mouton, qui ont obtenu que quarante loups[10] soient abattus chaque année, sans résultat notable et tout en recevant des dédommagements conséquents... Les élus ruraux, en particulier les sénateurs, ont pris le parti des éleveurs, ne serait-ce que pour des raisons électoralistes. Pourtant, plusieurs sondages ont montré que 80 % des Français étaient favorables au retour et au maintien du loup... Ce n'est pas seulement un clivage entre ruraux et citadins, car beaucoup de néo-ruraux sont pro-loups. Les éleveurs de moutons sont à plaindre, mais moins que les nombreux entrepreneurs français qui ont aussi du mal à survivre face à la concurrence mondiale et qui, eux, ne peuvent pas crier au loup pour être dédommagés.

Bref, il est impossible d'avoir une position réfléchie et consensuelle sur un pareil sujet, les autorités préférant payer et satisfaire les éleveurs, plutôt que provoquer des manifestations. Souvent les gens ne connaissent pas le sujet ou ne veulent pas le connaître, pensant tout savoir, et cela empêche toute discussion. Avant même de consulter son conseil scientifique, le directeur du parc national

10. Au minimum, d'après le dernier « plan-loup » décidé par les autorités et qui tente un compromis souhaitable mais qui a fait, pour une fois, l'unanimité des pro et anti-loups contre lui.

des Cévennes est allé jusqu'à demander au ministère de l'Écologie d'éliminer le loup, pour favoriser l'élevage et « accroître la biodiversité » ! Je ne vais pas entrer dans les détails, parce que nous pourrions en débattre pendant des heures alors qu'il existe plusieurs livres récents sur le sujet[11]. Je vais plutôt vous donner quelques éléments précis de la biologie du loup.

## Le loup est écologique

Ces dernières années, divers travaux scientifiques menés en Amérique du Nord ont démontré que, paradoxalement, le loup est un modèle de gestion écologique. On avait longtemps cru que le loup était le superprédateur au sommet de la chaîne alimentaire, qui régnait sur ses proies mais n'interférait pas avec le reste de l'écosystème. Personne ne se nourrissait de lui, et le seul ennemi qu'il ait, c'était l'homme ! Il couronnait l'édifice mais ne servait à rien, se contentant de manger les herbivores. Aujourd'hui, vous pouvez trouver plusieurs vidéos sur Internet rapportant la gestion du loup dans le parc de Yellowstone. Elles vous expliquent que les services de gestion de la faune, pourtant très compétents en Amérique du Nord, mais partant de cette idée fausse de départ, ont réalisé une expérience involontaire en les éliminant d'abord de cet immense parc américain, le premier à avoir été créé un siècle avant les nôtres.

11. *Le Loup, un nouveau défi français*, livre collectif, paru en 2017 chez De Borée.

Sitôt les loups disparus, les populations d'ongulés ont augmenté, mais les animaux étaient amaigris car trop nombreux pour les pâturages. Ils étaient aussi victimes d'épidémies qui les décimaient régulièrement. La végétation, trop broutée, était très abîmée, et le sol à nu : les ongulés en surnombre s'attaquaient même aux feuilles pour survivre, modifiant les paysages et désertifiant les sols. La faune s'est appauvrie, en particulier au bord des cours d'eau où elle était la plus riche, les animaux ayant dû fuir par suite de l'absence de couvert.

Trente ans plus tard, les biologistes du parc ont compris la leçon et ont décidé de faire le contraire : ils ont réintroduit des loups, et en quelques années, tout est rentré dans l'ordre. Les ongulés malades ont été éliminés au fur et à mesure, empêchant toute nouvelle épidémie puisqu'un prédateur commence par les individus affaiblis. Les populations de proies ont été régulées et les herbivores ont retrouvé la pleine forme physique, du fait de l'abondance de nourriture. La végétation dégradée s'est reconstituée et a retrouvé ses hôtes, y compris les castors qui ont reconstruit des barrages, attirant à leur tour une faune nouvelle dans ces milieux restaurés.

En écologie scientifique, le loup est maintenant considéré comme une espèce-clé de voûte, et on enseigne que les superprédateurs comme le puma, les lions et les requins, ne sont pas des parasites, mais structurent tout l'écosystème[12].

12. *Cf.* éditorial récent en anglais dans la grande revue internationale *Nature*. https://www.nature.com/articles/s41559-018-0472-z.pdf

Le loup est devenu un modèle de gestion écologique des ressources naturelles. Il ne surexploite jamais son stock de proies, car dès qu'elles se raréfient, il ne peut plus se reproduire avec succès, et en cas de sécheresse, il se déplace vers des contrées plus giboyeuses. Il possède un système remarquablement efficace d'occupation de l'espace par en particulier le hurlement, ainsi que par les marques olfactives qu'il laisse en frottant ses pattes au sol ou en urinant (ce dont les chiens ont hérité lorsqu'ils balisent les réverbères). Cela constitue une sorte de système de gestion de son domaine de chasse, comme lorsque vous réservez vos places dans un train ou un avion. Il est impossible pour un autre loup d'ignorer qu'un espace est occupé, car les propriétaires l'ont fait savoir par les signaux olfactifs et acoustiques. S'ils disparaissent, les voisins viennent aussitôt voir et occupent les lieux. C'est un système de réservation plus efficace encore que l'ordinateur des compagnies de transport, puisque vous ne risquez jamais d'être à deux sur la même place !

La plus grande originalité du loup et sa différence avec d'autres canidés comme le renard, c'est qu'il chasse en meute. Un loup seul est limité par sa taille comme tout prédateur. Un loup de 50 kilos peut difficilement tuer un animal plus lourd que lui, mais une meute peut arriver à abattre une proie de 500 kilos. Cette spécificité comportementale du loup élargit sa niche écologique, car s'il peut chasser seul, il est plus performant en groupe. Un loup qui se trouve par exemple dans l'Arctique en hiver n'a plus accès aux petits animaux enfouis sous la neige. Il va pourtant parvenir à survivre en tuant de gros herbivores comme les caribous ou les bœufs musqués qu'il serait incapable tout seul d'attraper.

Quand les proies sont énormes et dangereuses comme le bison, plusieurs meutes peuvent même s'associer. Les loups sont donc très opportunistes et adaptables avec des stratégies très sophistiquées de chasse que les Amérindiens et les Mongols ont copiées dans leurs techniques de chasse et de combat. Nous avons donc deux traditions complètement opposées du loup : en Europe où il était peu connu et mal géré, en particulier dans notre pays, il était craint comme le diable, alors que les ethnies qui le connaissaient bien le considéraient comme un dieu et un modèle à suivre ! Le loup est l'espèce qui a le plus stimulé l'imaginaire des hommes, aussi bien en négatif qu'en positif. Ce n'est pas un hasard, puisque c'est un animal aussi extraordinaire que nous, mais plus écologique.

# Approche soyeuse sur les capacités des « aragnes »

**Christine Rollard**

*Biologiste arachnologue*
*Maître de conférences*
*au Museum national d'Histoire naturelle*

Quand j'ai été sollicitée pour participer à cette université, et que la thématique de l'intelligence animale m'a été présentée, je me suis demandé ce que j'allais mettre sous cet intitulé, et si les araignées y avaient leur place. Car pour ces animaux, je n'avais jamais vraiment évoqué le terme d'« intelligence ». À tort ou pas ? Finalement, cela dépend de ce que l'on met sous ce mot ; dans sa définition, plutôt liée à l'homme, il faut l'avouer, et qui peut englober beaucoup d'approches, la capacité d'adaptation est souvent mise en avant. Or les araignées ont fait preuve depuis des millions d'années de cette adaptabilité. Un grand nombre de traits de vie sont bien sûr liés au code génétique, mais de nombreuses questions restent posées sur le monde aranéologique. À l'heure actuelle, ce dernier présente encore de nombreuses zones d'ombre d'un point de vue scientifique ; de plus, il est largement méconnu du tout public, avec beaucoup d'idées fausses, la plupart du temps assez négatives.

Finalement, afin d'essayer de répondre à la question, entrons dans l'univers fascinant des aragnes – terme ancien pour désigner les araignées.

Certaines personnes ne sont peut-être pas très à l'aise avec cet animal pour diverses raisons, mais pourquoi ne pas changer un peu leur regard par une ouverture sur leur diversification biologique ? La volonté de découvrir et de continuer à se montrer curieux, malgré une répulsion sous-jacente, est une démarche déjà très positive. Saisissez le lien tendu, accrochez-vous et nous verrons ce que cela donne, d'accord ?

Et pour débuter cette approche, une première question. Quelle est la principale caractéristique des araignées ? La réponse proposée le plus souvent est : la toile. Ce qui n'est pas exact ! En réalité, c'est la production de fils de soie, ces fils ne servant pas obligatoirement chez toutes les araignées à construire des toiles. Cette production soyeuse est un élément primordial dans leur mode de vie.

Mais commençons tout d'abord par resituer les araignées dans le règne animal, en évoquant leur relation de parenté avec les autres organismes vivants.

## Que sont les araignées ?

Il y a souvent une association directe avec les insectes, et ce sont des liens qu'il faut couper. Nous ne sommes pas dans le groupe des Hexapodes (six pattes), même si les araignées sont bien des Arthropodes (animaux à pattes articulées), tout comme les insectes ; elles font partie d'un autre ensemble que l'on nomme les arachnides. Les personnes spécialisées dans l'étude de ces animaux sont des arachnologues, et quand l'intérêt se porte sur les araignées, par exemple, le terme plus approprié devient « aranéologue ».

Parmi les proches « parents » des araignées, on trouve, non pas les insectes, mais dix autres ensembles dont les scorpions, les opilions (appelés communément faucheux) le plus souvent avec des longues pattes fines, les acariens dont font partie les tiques, ou encore les pseudo-scorpions, petits organismes ressemblant aux scorpions, mais sans queue. Ces arachnides ont des espèces présentes dans le monde entier, Europe comprise ; quant aux autres ordres d'arachnides, il n'y a des représentants que sous les tropiques ; citons par exemple les amblypyges, uropyges ou solifuges.

Au sein des araignées, deux grands groupes, réunis sous le terme d'Opistothelae (ce qui équivaut aux filières situées vers l'extrémité postérieure abdominale) sont distingués : mygalomorphes, ou mygales, et aranéomorphes soit les non-mygales ; une famille uniquement asiatique, les Liphistiidae, est classée à part en Mesothelae (filières en position ventrale médiane). Intéressons-nous prioritairement aux araignées françaises, voire européennes, pour découvrir leur diversité. Uniquement en France, plus de 1 700 espèces ont été répertoriées à l'heure actuelle !

## Reconnaissance d'une mygale

Ce n'est pas la grande taille qui qualifie le groupe des mygales (plus de 2 700 espèces), ni l'aspect plus velu. La différence se situe à l'avant du corps, au niveau de la paire de chélicères, ces appendices constitués d'une tige sur laquelle s'articule un crochet. Seule la position des crochets par rapport à l'axe du corps permet de les distinguer des autres araignées. C'est une caractéristique d'ailleurs commune à la famille des Liphistiidae. Chez ces araignées et les mygales, les deux tiges sont dans le prolongement du corps, et les crochets au repos sont repliés par en dessous et plus ou moins parallèles. Le mouvement se fait de haut en bas pour mordre les proies. Chez les aranéomorphes, les tiges sont plus ou moins perpendiculaires au corps et les crochets sont croisés à leurs extrémités. L'ouverture se fait dans le plan latéral. Voilà une des principales différences entre mygale et non-mygale. Caractère pas toujours évident à observer sur le terrain – d'autant plus que les araignées sont souvent de petite taille – mais repérable tout de même si l'on ouvre bien les yeux.

## Les arachnides venimeux

Parmi les onze groupes d'arachnides, seuls trois sont véritablement qualifiés de venimeux : les scorpions, avec une glande à venin dans le telson au bout de l'abdomen, les pseudo-scorpions qui possèdent leurs glandes dans les pinces, et les araignées avec les glandes aboutissant à l'extrémité sub-terminale des crochets. Certains auteurs y rajoutent les acariens comme quelques espèces libres mais surtout les tiques hématophages, qualifiées ainsi car au moment de leur fixation sur un hôte pour prendre leur repas sanguin, des toxines seraient aussi diffusées (elles sont surtout connues pour transmettre un certain nombre de maladies, dont la maladie de Lyme).

## Venimeuses ou dangereuses ?

« Est-ce que cette araignée est venimeuse ? » Question mal posée ! En général, ce qui est sous-entendu c'est « est-ce qu'elle est dangereuse pour moi ? ». Et la réponse est générale : « Oui, elle est venimeuse. » En France, une seule famille ne possède pas de venin, les Uloboridae.

Mais pour autant, pas de panique ! La définition de venimeux correspond à un animal possédant du venin, mais n'inclut pas un danger potentiel pour l'homme. De plus, le venin des araignées n'est pas forcément actif sur nous, car nous ne sommes pas les proies visées dans leur mode de vie.

Attention à une bonne utilisation des termes : venimeux n'est pas équivalent à douloureux ni à dangereux pour l'homme !

*Et la signification des termes est très importante, comme celui d'« intelligence ». Mais avant de se pencher sur cette thématique, continuons tout d'abord à nous laisser porter par les fils de soie des araignées pour les découvrir, fils qu'elles utilisent tout au long de leur vie, au moins pour se déplacer d'un support à l'autre ou se disperser par la voie des airs un peu partout. Qui n'a pas senti sur soi en se promenant ou observé dans la nature des fils scintillant au soleil dans le ciel, parfois avec une petite araignée suspendue au bout...*

## Diversité et mode de vie

Le nombre d'espèces d'araignées listées sur terre début 2018 est de près de 47 350 distribuées dans 116 familles. Chaque année quelque 200 espèces nouvelles sont décrites. La référence à un catalogue mondial des araignées est nécessaire presque chaque jour pour être dans l'actualité. Vous imaginez bien que même tous les spécialistes aranéologues du monde, et moi-même étant cataloguée parfois de « Madame Araignée », ne pouvons pas connaître l'ensemble des araignées. Rien que sur le territoire français métropolitain, près de 1 730 espèces sont répertoriées, réparties sur 47 familles, diversité spécifique la plus importante en Europe au regard de la multiplicité de milieux, des tendances montagnardes, méditerranéennes ou encore atlantiques...

La diversité s'observe aussi sur l'éventail de taille des araignées : le corps de la plus petite trouvée à l'heure actuelle sous les tropiques mesure 0,37 mm, telle une marque avec la pointe d'un crayon sur une feuille. La plus grosse observée sur le continent américain mesure près de 15 centimètres. Avec ou sans les pattes ? Sans. Les pattes comprises lui donnent une envergure d'environ

25 à 30 centimètres. Ce n'est donc pas le mètre dont on parlait encore il y a quelques années ou les araignées géantes imaginées dans les films, de science-fonction en particulier, même si cela peut rester impressionnant pour les personnes qui ne sont pas très à l'aise. Mais il ne faut surtout pas penser que la grosseur est liée à un danger potentiel vis-à-vis de l'homme.

La majorité des araignées mène une vie solitaire. Sur les près de 47 350 espèces, seules quelque 25 tropicales sont qualifiées de « sociales » – c'est plutôt une vie communautaire sans hiérarchisation. Elles vivent en groupe de centaines d'individus sur des constructions en soie, sortes d'enchevêtrements de fils formant une nappe en trois dimensions qui couvre de grandes surfaces de végétation. Mais cela ne correspond pas à des sociétés organisées telles les fourmis ou les termites.

Où trouve-t-on des araignées ? Presque partout ! Cela ne rassure pas toujours les personnes qui en ont peur, mais rappelons-nous que la majorité mesure moins de 1 centimètre de taille de corps, avec un grand nombre qui font partie du monde microscopique, autour de 1 millimètre. Les plus grosses mygales tropicales, qui sont bien mises en avant dans les films ou médias et qui entretiennent une certaine phobie, ne représentent qu'environ 800 espèces. Ce n'est donc absolument pas la représentation des araignées qu'il faut avoir dans la tête.

## Une croissance par mue

Elles se développent en muant, c'est-à-dire en changeant de « peau ». De fait, quand vous voyez dans la nature de temps en temps, suspendue à un fil, parfois sur le bord des toiles, quelque chose qui ressemble à une araignée très légère bougeant au moindre souffle d'air, l'interprétation s'oriente souvent vers une araignée morte. Ce n'est en fait qu'une mue abandonnée. Si on y regarde de plus près, on découvre la transparence de l'exuvie et il n'y a plus rien à l'intérieur. Quand l'individu s'est extirpé de son ancienne carapace, il est encore mou. Le durcissement se fait progressivement à l'air. Si on a la chance d'assister à cette phase de vie, quel émerveillement de percevoir, une fois l'araignée entièrement sortie, les petits mouvements de pattes afin que les articulations restent souples – une sorte de gymnastique douce, pour éviter entre autre qu'en séchant elle n'ait des problèmes de malformation. Cette phase de mue est d'ailleurs assez délicate et, parfois, l'araignée meurt en cours ou laisse une ou plusieurs pattes coincées dans l'ancienne exuvie.

Elle a naturellement la faculté d'autotomie, c'est-à-dire de pouvoir provoquer le détachement d'une patte à une des articulations, en particulier lorsqu'elle est saisie par un prédateur, pour lui échapper. Il n'est pas rare d'observer des araignées avec une ou des pattes en moins (pas les huit au total), ce qui ne l'empêche pas de vivre. Autre phénomène très pratique chez ces animaux : la patte perdue peut être récupérée, si l'individu n'a pas encore atteint le stade adulte, après une nouvelle mue. Le membre est en général plus court après une seule mue, et il faut deux mues pour revenir à la même taille.

## La morphologie de l'araignée

Ce qu'il est intéressant de demander à des personnes arachnophobes en début de séance de désensibilisation, avant d'aborder divers aspects de la biologie des araignées, est de dessiner une araignée. Le schéma n'est pas souvent exact sur différents points comme le nombre de parties du corps, le nombre de pattes, leur rattachement au céphalothorax et non à l'abdomen, ou avec une répartition de part et d'autre de tout le corps, le nombre d'yeux, la présence des pédipalpes, des crochets ou encore des filières (tubes d'où sortent les fils de soie), etc.

Amusez-vous à vous en faire une représentation. Passer par la description morphologique et l'anatomie est une des méthodes pour rentrer dans leur univers. On ne les regarde pas forcément de très près !

Elles sont donc constituées de deux parties, antérieurement le céphalothorax et postérieurement l'abdomen. Sur l'avant sont accrochées les huit pattes ainsi que les deux pédipalpes (pour palper, toucher ce qui les entoure), ou pattes mâchoires qui entourent la paire de chélicères. Elles sont équipées le plus souvent de six ou huit yeux. L'abdomen porte les filières au-dessus desquelles débouche l'anus. On y distingue aussi en face ventrale l'ouverture génitale et les fentes respiratoires, pulmonaires et trachéales.

## Mâle ? Femelle ?

Autre élément de curiosité pour apprendre à mieux connaître ces animaux méconnus, comment distinguer les deux sexes ? Quelques indices : cela ne se situe pas au niveau de la forme, de la grosseur ou de la coloration. Ni d'une différence sur le nombre d'appendices rattachés au corps. Donc si on répond à la question en indiquant que les femelles sont en général plus grosses (ce qui n'est pas complètement faux, mais néanmoins pas toujours vrai), ce n'est pas le bon critère. On ne peut d'ailleurs pas faire cette comparaison quand nous n'avons qu'un seul spécimen sous les yeux. Il faut chercher autre chose... Et pourquoi pas un organe sexuel distinctif visible ?

Encore une fois, observons mieux les araignées, et surtout leurs pédipalpes. Les extrémités de ceux d'une femelle sont fines comme celles des autres pattes. En revanche, chez un mâle, elles se renflent au fur et à mesure des mues, formant des sortes de « boules » qui évoluent jusqu'à la formation d'une structure parfois assez complexe au stade adulte, nommée bulbe copulateur. Finalement, pour reconnaître une araignée mâle d'une araignée femelle, regardez s'il y a des bulbes au bout des pédipalpes. C'est à la fois le réservoir de spermatozoïdes et l'organe de transmission de ces derniers à l'intérieur du corps de la femelle au moment de l'accouplement.

Donc la prochaine fois que vous verrez une araignée dans l'évier de la cuisine ou dans votre salle de bains – ce qui franchement n'arrive pas si souvent – prenez le temps de regarder ses pédipalpes avant de la sortir du piège dans lequel la bête est tombée. À l'automne, si c'est une des espèces communes de nos habitations, à savoir une tégénaire, ce sont souvent des mâles qui sont ainsi pris au piège au moment de leur errance à la recherche de femelles, car c'est leur période de reproduction. Et contrairement à une idée reçue, ce ne sont pas des araignées qui rentrent dans les habitations car il fait froid dehors !

## Les organes des sens

Chez les araignées, nous sommes dans un univers très sensoriel. Si vous souhaitez observer une araignée de près, voire la déplacer (comme dans la situation précédente) ne faites pas de gestes brusques. Le moindre mouvement que vous pouvez faire peut être ressenti par cet animal comme un danger, une grosse perturbation, un énorme prédateur, même en présence de la plus grosse des araignées qui soit. En réalité, ces déplacements d'air sont perçus par l'araignée grâce à des récepteurs sensoriels. Donc forcément, si on arrive « avec nos gros sabots », elle peut fuir rapidement grâce à ses huit pattes. Et cette vitesse de déplacement provoque parfois chez la personne « phobique » des réactions marquées. Alors, approche tranquille et douce !

Les araignées ne sont pas véritablement équipées de poils (ce n'est pas le terme scientifiquement exact) mais de soies réparties sur tout le corps et essentiellement sur les pattes, ce qui implique que l'on ne puisse pas qualifier les araignées d'animaux « poilus » mais plutôt « soyeux ».

L'insertion de ces soies au niveau des téguments n'est pas de même nature que nos poils. Elles ont donc de très nombreuses soies, des milliers de différentes tailles, de différentes formes, certaines jouant un rôle de mécanorécepteurs (perception des mouvements, tapotements, vibrations, souffle d'air...) ou d'autres de chimiorécepteurs (perception des odeurs ou phéromones).

Autre organe des sens, la vue. Bien sûr, les araignées voient, pour la grande majorité d'entre elles – sauf les quelques espèces cavernicoles. Il ne faut plus dire qu'elles voient mal ! Par comparaison par rapport à quel autre organisme vivant ? Si c'est avec nous, nous n'avons sincèrement pas la meilleure vision du monde animal ! Voyez-vous de nuit, par exemple ? Moi non ! Or il y a beaucoup d'autres animaux dotés d'une vision nocturne. Un certain nombre d'araignées en font partie, d'autres n'ayant aussi qu'une vision diurne. De plus, la majorité des espèces possèdent de six à huit yeux, sortes de lentilles fixes, avec des grosseurs et des positions différentes à l'avant du céphalothorax, répartition qui leur permet le plus souvent d'avoir une vision assez périphérique sur leur milieu environnant immédiat. Elles n'ont pas besoin de tourner la « tête » pour repérer leur environnement, et ceci apparemment depuis 305 millions d'années, pour rechercher des proies et échapper à des prédateurs. Cet organe sensoriel est de ce fait également primordial pour beaucoup d'espèces.

## Des usines à soie

La caractéristique principale des araignées réside dans la production de fils de soie et de leur utilisation, pas uniquement axée sur la construction de toiles ; mais d'où sortent ces fils, par où et comment sont-ils fabriqués ? Dans la description morphologique d'une araignée, des tubes mobiles situés près de l'extrémité postérieure de l'abdomen en face ventrale ont été mentionnés : les filières, au nombre de six le plus souvent, chacune de ces filières étant pourvue au bout de microtubes que l'on appelle des fusules, par où vont sortir des fibrilles de soie, filaments extrêmement fins qui vont s'agglutiner pour former une ficelle de soie. Cette dernière équivaut au fil que l'on voit dans la nature, mesurant environ 0,07 μ de diamètre. Cette soie est extraite de plusieurs glandes en interne, sollicitées par l'araignée selon l'usage qu'elle en fera. Pour être plus proche de la réalité, on ne devrait donc pas parler de la soie, mais des différents types de soie des araignées car, même si tous les types ont une composition de base semblable, en l'occurrence deux protéines nommées fibroïne et séricine, les autres éléments de constitution de ce matériau – éléments minéraux, colorants, collants, autres protéines et eau – sont présents en proportions différentes.

Les glandes dites séricigènes occupent une petite partie de l'abdomen. Elles sont de formes diverses, ce qui leur a valu des appellations en fonction de ce critère : par exemple les glandes ampullacées en forme d'ampoule. Les canaux qui les prolongent aboutissent aux filières.

Les utilisations de ces différents fils consistent en l'emmaillotage des proies, la protection des œufs, la confection de loges de repos ou de ponte, la construction de toiles, et le plus fréquemment produit, commun à toutes les espèces d'araignées, le *fil de survie* surnommé aussi *fil de déplacement* ou *fil de rappel*, ou encore *fil de traîne*. Les fils collants servent principalement à faire les spirales des toiles géométriques. Au final, les araignées ne possèdent pas toutes les six types de glandes selon leur mode de vie et la famille à laquelle elles appartiennent. C'est donc plus complexe qu'il n'y paraît !

Un certain nombre de chercheurs dans le monde étudie les propriétés des soies d'araignées, et plus spécifiquement celles du fil de déplacement que l'on peut plus facilement récupérer auprès de l'araignée sans la tuer, en sollicitant juste l'extrémité des filières. Des caractéristiques de résistance plus importantes que celles de la soie fabriquée par d'autres organismes, à laquelle s'associe une grande élasticité, font de cette soie un matériau de qualité observé depuis très longtemps par les hommes.

Ces éléments de biologie générale posés, abordons plus précisément la thématique de l'intelligence des araignées, en évoquant tout naturellement leur caractéristique principale, la production de fils aux multiples usages. Néanmoins sans oublier la diversification des techniques de chasse avec ou sans piège, de reproduction, ou encore de soins aux jeunes.

## Toiles géométriques

Un éthologiste brésilien, César Ades, s'est posé la question il y a peu de savoir si la construction d'une toile géométrique, et en particulier l'orientation de ces toiles, était un instinct, un savoir-faire inscrit dans les gènes. Il a récupéré un certain nombre d'araignées qui font naturellement des toiles d'orientation verticale, parfois un peu oblique. Il les a installées dans un environnement à l'horizontale. Les premiers essais n'ont pas été très concluants car les araignées ne refaisaient pas de piège ; puis, au fur et à mesure, elles ont bien construit des toiles dans l'espace qui leur était donné, c'est-à-dire avec une hauteur de plafond minimale. Il a ensuite remis ces araignées dans la nature, elles se sont réadaptées à leur milieu initial. Une nouvelle fois collectées, il les a réinstallées en condition d'expérimentation dans des boîtes plates. La confection du piège en soie a été beaucoup plus rapide. Il en a donc conclu qu'il y avait une sorte de mémoire d'apprentissage de la situation... une forme d'intelligence, en quelque sorte !

Les araignées ont effectivement cette aptitude à s'adapter à une situation, à faire des choix. Dans leur environnement naturel, elles positionnent et orientent leur toile en fonction de ce qu'elles ont autour comme supports ; ces pièges sont, pour une même espèce, plus ou moins verticaux ou horizontaux. Une araignée comme l'épeire frelon, *Argiope bruennichi*, rencontrée communément dans les prairies en végétation basse, va surtout faire des toiles verticales, mais lors d'observations sur le terrain, on peut en visualiser un certain nombre de plus penchées.

Et pour toutes les espèces orbitèles, c'est exactement la même constatation. Tout comme pour les autres araignées à toiles, que celles-ci soient en forme de nappe, réseau ou encore tubulaires, l'orientation se fait en fonction du repérage du milieu. De même, la taille des toiles est également variable chez une même espèce voire chez un même individu, si elle est reconstruite régulièrement : elle peut être plus ou moins grande selon les conditions climatiques de vent et d'humidité.

Le fait de construire ces pièges et-ou demeures, ou de pratiquer tel ou tel type de chasse sans toile est bien inscrit dans les gènes.

Pour admirer toutes ces constructions, rien ne vaut une sortie dans la brume matinale, et là s'étalent devant nos yeux admiratifs, dans les herbes, les buissons, les arbres ou encore au sol, des toiles ou des fils de déplacement ponctués de perles de rosée. En période de froid hivernal, le givre produit aussi de magnifiques tableaux.

Surprenant ! Les araignées sont capables d'échafauder « des trucs pareils » ! Et de plus, certaines de formes si régulières ! Véritables modèles mathématiques également étudiés pour tenter de comprendre cette symétrie. Des essais avaient d'ailleurs également été faits en laboratoire par quelques équipes de chercheurs européens, les premiers en Allemagne dans les années 1950, et par la suite il y a quarante à cinquante ans, pour comprendre ce qui agissait sur la confection de ces toiles orbiculaires. Ils avaient fait absorber diverses drogues (comme LSD, caféine, cocaïne) à des araignées et noté ensuite les conséquences sur la taille, la répartition des rayons, la spirale, la régularité… Selon la substance, les effets avaient été différents.

Cette forme de toile est caractéristique de la famille des Araneidae à laquelle appartiennent l'épeire diadème (*Araneus diadematus*), classique dans nos jardins, ou encore l'épeire frelon, mais aussi nombre d'autres petites épeires : concombre (*Araniella cucurbitina*), à quatre points (*Araneus quadratus*)… ainsi que de la famille des Tetragnathidae – dont les tétragnathes (*Tetragnatha* sp.) à la forme allongée, avec des espèces souvent rencontrées au bord de l'eau, près des mares ou des rivières. Ces dernières peuvent d'ailleurs les installer verticalement ou horizontalement, selon qu'elles sont sur une branche ou entre deux rochers au-dessus de l'eau, bien étendues dans l'attente de proies comme des moustiques qui heurtent ce piège.

## Toiles en nappe

Si l'on observe les haies des jardins, les buissons, les troncs d'arbres ou encore les rebords de fenêtres, voire en intérieur les recoins de garages ou de combles, dans des caves ou des appentis, la toile la plus fréquente n'est pas géométrique, mais forme une nappe assez dense de fils croisés, prolongée par un entonnoir. Typique de la famille des Agelenidae, l'occupante la plus connue est la tégénaire des maisons, *Eratigena atrica*, espèce qui focalise un peu les peurs. Une très mauvaise ambassadrice du monde des araignées, parce qu'elle est rapide et sombre. En général, on dit même qu'elle est noire, mais quand on la regarde de près, sa coloration est plutôt brune-beige avec des marques en forme de chevrons sur l'abdomen.

Partout sur des zones plus rases, des pelouses, des chemins, on retrouve d'autres petites toiles en nappe en dôme ou hamac, sans retraite tubulaire associée ; ce sont des individus de la famille de Linyphiidae. Le nombre d'espèces est très important et leur taille n'excède généralement pas le millimètre. L'identification en est très difficile sur le terrain.

## Toiles en tube

En restant proche des habitations et en regardant sur les murs, murets, palissades, sous les avancées de toitures, surtout à la tombée de la nuit, quelle surprise de découvrir à la lumière de la lampe frontale l'avant d'araignées très sombres émergeant de trous, les trois premières pattes étendues de part et d'autre de l'ouverture ! Ce sont des Segestriidae en posture de chasse, qui confectionnent quant à elles des toiles en tube établies dans des anfractuosités plus ou moins naturelles. Les fils rayonnants qui prolongent le tube de soie tapissant les parois servent d'avertisseurs ; quand il y a un insecte ou toute autre proie qui fait bouger les fils, l'araignée se précipite, retenue par sa quatrième paire de pattes. De temps en temps, on voit les mâles errer et même rentrer dans les habitations quand ils cherchent une partenaire à la période de reproduction. Ils peuvent être assez réactifs au moindre dérangement, et se mettre facilement en position d'intimidation, voire crocheter s'ils se sentent éventuellement attaqués.

Note : On ne peut parler d'araignées agressives vis-à-vis de nous, cette agressivité se manifestant seulement vers leurs proies, bien sûr (ce sont des prédateurs carnivores qui chassent des proies vivantes) ! Mais en tant que gros mammifères, nous ne faisons pas partie de leur régime alimentaire.

## Des mygales en France !

Les ségestries ne sont pas les seules à faire des toiles en tube qui servent à la fois de zone de repos et de piège pour la capture des proies. Il y a bien sûr d'autres familles d'aranéomorphes, mais également des mygales. L'image donnée pour les représentants de ce groupe étendu correspond à des espèces tropicales de grande taille et bien velues. Ce qui ne reflète aucunement la réalité. Alors, y a-t-il des mygales en France ou en Europe ? Bien sûr !

Si on résume la connaissance à l'énoncé suivant : « Les mygales sont toutes grosses et tropicales », deux affirmations fausses sont avancées.

Une quarantaine d'espèces vivent en Europe, une vingtaine en France. On les classe en trois familles distinctes : Atypidae, Ctenizidae et Nemesiidae. La première inclut deux espèces que l'on surnomme « mygales à chaussette ». Les deux autres renfermant respectivement deux espèces, et une quinzaine sont des mygales dites « maçonnes ». Elles sont toutes terricoles, vivant dans des terriers qu'elles creusent dans le sol. Elles paraissent moins velues que certaines grosses tropicales, mais elles sont tout aussi recouvertes de soies sensorielles.

Une des deux espèces d'*Atypus* est également présente jusqu'au Danemark. La taille du corps se situe autour du centimètre à l'âge adulte. Ces mygales se confectionnent un terrier dans le sol qu'elles tapissent de soie, ce qui forme un tube avec environ deux tiers de sa longueur en sous-terrain et un tiers en aérien. Quand la mygale est au fond de son tube, elle est au repos, et en phase de chasse elle se tient plus haut ; si un insecte passe sur la « chaussette » en soie, elle le ressent grâce aux vibrations et peut le crocheter à l'aveugle à travers la paroi, puis le tirer pour s'en nourrir au fond du tube. En bonne couturière, elle reviendra réparer le trou occasionné par la récupération de sa proie.

Les autres mygales des genres *Cteniza* et *Nemesia* ne prolongent pas leur tube de soie à l'extérieur, mais ferment leurs terriers par un opercule en soie, une sorte de clapet avec une charnière en soie d'épaisseur variable, qu'elles recouvrent de débris végétaux ou de terre cimentée. Leur taille est plus grande, atteignant parfois 2,5 cm. On les trouve sur le pourtour méditerranéen. Ce travail de véritable terrassier est remarquable, une superbe adaptation. Beaucoup de mygales du monde entier sont également terricoles, le deuxième mode de vie étant plutôt arboricole, ces espèces construisent des loges de repos en hauteur dans les branchages ou sur les troncs, dans des anfractuosités naturelles, et chassent en déambulant dans leur milieu avoisinant.

## Toile en réseau

Les représentants de plusieurs familles vivent et chassent dans des toiles non régulières, tissées de fils enchevêtrés dans tous les sens, se tenant préférentiellement au centre de ce réseau, parfois camouflées dans une petite loge ou au moyen d'un élément végétal. On peut en observer au bout des rameaux comme les petites Dictynidae, entre des branches, au pied de la végétation... Mais également dans les habitations, en particulier des individus de la famille des Theridiidae, qui se logent quelquefois sous les lavabos, dans les coins de murs, dans les caves. Cette famille comprend entre autre les espèces du genre *Latrodectus*, qui regroupe celles communément appelées les « veuves noires », dont la taille n'excède pas les 15 millimètres.

## La réalité sur les veuves noires

L'évocation de ces araignées fait souvent frissonner, car elles ont mauvaise réputation et sont dites « potentiellement » dangereuses pour l'homme. Il est vrai que dans leur venin a été trouvé, entre autres composants, une mammotoxine active sur des proies de plus grande taille que l'araignée, telles que des scorpions, des batraciens ou encore des micromammifères. Ce venin est très efficace rapidement et, dans les quelques cas d'aranéisme (morsure par araignée), chez l'homme. Si du venin est injecté, des réactions individuelles peuvent parfois se manifester selon la sensibilité des personnes envenimées, qui ont donné lieu à une symptomatologie médicale nommée le latrodectisme : tachycardies, sueurs, contractions musculaires, etc., tous ces symptômes passant généralement au bout de quelques jours. Il a néanmoins été noté chez certains patients une asthénie prolongée, soit un état de fatigue assez marqué pendant quelque temps, particulièrement chez de jeunes enfants ou des personnes âgées plus fragiles.

Néanmoins, ne parlons plus de mortalité inévitable avec ces veuves noires en cas de morsure, ce qui vaut d'ailleurs pour toute autre espèce d'araignée, même les mygales dont la taille varie entre 1 millimètre et 15 centimètres (la majorité des espèces n'atteignant pas les 2 centimètres) : aucune araignée n'est véritablement mortelle, contrairement aux transmissions alarmistes d'Internet, corroborées par des annonces médiatiques périodiques... Une thérapie est bien sûr nécessaire, comme l'injection de calcium (calcithérapie). Et gardons bien à l'esprit qu'au regard de notre mode de vie et de celui de ces araignées (toiles en réseau en général au pied de la végétation, rarement dans les habitations pour la veuve noire méditerranéenne, *Latrodectus tredecimguttatus* appelée malmignatte en Corse), les rencontres tout comme le contact physique resteront très rares. Donc, tempérons un peu notre peur face à ces araignées !

## Danger réel et acceptation

Pour avoir une idée plus réaliste du nombre de décès comptabilisés dans le monde chaque année suite à des envenimations « avérées », voici le chiffre moyen : une quinzaine de cas, ce qui est comparable aux attaques de requins (autour de dix morts). Retenons que ce sont des cas de morsures plutôt que des piqûres – au regard de l'anatomie de l'organe perforant et de son fonctionnement avec ses deux crochets –, que l'on peut véritablement attribuer aux araignées. Alors, que ceux qui étaient pris d'une peur sous-jacente sur leur dangerosité soient tout de même en partie rassurés.

Une des autres étapes d'une approche plus positive vers les araignées est aussi l'acceptation de leur morphologie. Nous, les animaux, sommes tous différents, et cette différence d'aspect ne devrait pas engendrer la peur. Ouverture d'esprit vers la nature et sa diversité… Les araignées ont huit pattes, et alors ? L'évolution leur a permis ainsi de courir après leurs proies et de tenter d'échapper à un certain nombre de prédateurs. Une rapidité de déplacement, pour un certain nombre d'entre elles, qui leur permet de survivre.

## Cas des araignées-violon

Dans la catégorie des araignées à toile en réseau, une espèce, qui vit le plus souvent en extérieur au pied de la végétation ou en intérieur dans des endroits discrets, a créé des moments de panique un été dans le sud de la France. Une petite araignée dont le corps mesure au maximum 1,5 cm, avec un dessin en forme de violon sur le céphalothorax qui leur a valu le surnom d'« araignée-violon » ou « violoniste ». Ce sont des Sicariidae du genre *Loxosceles* qui renferme une petite centaine d'espèces différentes au monde dont une espèce à répartition cosmopolite rencontrée aussi dans le sud de la France, *Loxosceles rufescens* et une espèce américaine évoquée régulièrement dans les médias (réseaux, romans, forums...), la recluse *Loxosceles reclusa*. Pourquoi des craintes liées à ces araignées ? Car contrairement à la grande majorité des espèces dont le venin est neurotoxique (atteinte du système nerveux), celui des loxoscèles est nécrotique ou nécrosant. Son injection peut provoquer des lyses de la peau à l'endroit de la morsure, comme des brûlures plus ou moins marquées qui peuvent s'étendre assez rapidement sur des surfaces de peau parfois impressionnantes. Cette évolution correspond seulement à 10 % des cas d'envenimations de type « loxoscélisme ». En général, une désinfection et un traitement rapide limitent les réactions, même si une nécrose n'est jamais très « belle », et est longue à cicatriser.

Et nous aurions été envahis par la recluse américaine ? En aucune façon. Aucun aranéologue français n'a jamais récolté cette espèce sur notre territoire ! La détermination avait été lancée sur Internet à la suite d'une morsure, par des personnes non expertes. Quand le spécimen responsable de la morsure a finalement été identifié par mes propres soins, ce n'était pas une recluse, mais bien notre espèce européenne. Mais des histoires de ce type circulent tout de suite avec des images plus impressionnantes les unes que les autres, ce qui entretient la peur liée à la méconnaissance des risques encourus (même s'il ne faut pas les négliger, en particulier sur le continent américain). Et voilà parfois comment des rumeurs peuvent partir, qui provoquent l'apparition d'une multitude de cas de morsures sans aucune indication sur les conditions de contact, la vision éventuelle ou la récupération du spécimen prétendument responsable pour identification... Et bien entendu, dans l'esprit d'une grande partie du tout public qui ne peut avoir un regard critique, faute de connaissances, le maintien d'une approche négative avec nombre d'idées reçues se perpétue... bien entretenue par le corps médical !

## Araignées sans toile

Quelles sont les techniques utilisées par les familles d'araignées qui ne construisent pas de piège pour la chasse ? Citons la chasse à l'affût, pratiquée par exemple par les araignées-crabes, reconnaissables à leurs paires de pattes antérieures en position latérigrade. Ces dernières sont en général bien camouflées et se postent sur des feuillages, des troncs, des fleurs, attendant que des proies s'approchent pour les capturer. Qui n'a pas déniché une araignée d'environ 5 millimètres en taille adulte, de coloration blanche, jaune ou rose, postée sur des corolles de fleurs, attendant patiemment que des proies viennent butiner ? Cette misumène variable, *Misumena vatia*, (famille des Thomisidae) peut même changer de couleur en fonction du support sur lequel elle se trouve, en au moins deux jours, passant ainsi vraisemblablement inaperçue pour ses prédateurs et ses proies (ces interprétations étant toujours à l'étude, tout comme le mécanisme de changement de pigmentation) ; on les appelle communément « araignées caméléons ».

D'autres petites araignées (1 centimètre au maximum pour les espèces européennes) sont plus actives dans leur capture de proies. C'est le cas des Salticidae, des araignées régulièrement visibles au cours de journées ensoleillées sur différents supports, parfois même sur les vitres. Souvent photographiées de face, elles paraissent assez impressionnantes avec leurs deux gros yeux frontaux. Elles capturent des proies en leur sautant dessus, faisant parfois des bonds spectaculaires par rapport à leur taille, toujours reliées à des fils de soie accrochés aux supports pour les équilibrer. Avec une vision qui semble très développée par rapport à celle d'autres familles (et sans doute en couleur), elles mettent leur vue à profit non seulement pour la chasse, mais aussi au cours de la phase de reproduction, quand les mâles souvent vivement colorés effectuent des danses de parade devant les femelles. Des études par des équipes internationales sont en cours pour mieux comprendre le fonctionnement et les caractéristiques de cette vision, ce qui n'est pas forcément chose aisée. Ces saltiques se tournent facilement vers ce qui se présente face à elles en fonction des mouvements perçus. Alors essayez de les photographier !

Autre exemple parmi les araignées qui pratiquent la chasse à la fois en errant de jour comme de nuit, ou s'arrêtant régulièrement à l'affût : les *Micrommata* sp. (famille des Sparassidae). De coloration verte, très reconnaissables au printemps, elles sont d'une taille avoisinant les 2 centimètres.

Suivons à présent les araignées loups (famille des Lycosidae) : ces individus se reposent sous des feuilles, des écorces, sur le bord des étangs, sous des pierres, et courent au sol parfois en grand nombre, détalant devant nous quand on se promène sur des chemins forestiers, dans des prairies, près de zones humides... Les plus petites espèces mesurent autour de 5 millimètres et les plus grandes, essentiellement présentes dans les milieux rocailleux du Sud, atteignent 2 à 2,5 cm. Bien que surnommées « araignée-loups » et parfois nombreuses dans un même milieu, elles ne vivent pas en meute, mais bien en solitaires, comme la majorité des araignées.

## Dansons la tarentelle

Parmi les plus grands lycosidés d'Europe du Sud, citons une espèce trouvée quelquefois dans des zones très sèches, en Camargue par exemple, et qui creusent des sortes de petits terriers dans le sol pour se reposer et se reproduire : la tarentule *Lycosa tarantula*. Attention de ne pas la confondre avec les Tarantules (Tarantulas des Anglo-Saxons) qui regroupent les mygales tropicales de grande taille – la confusion se fait parfois. Espèce méridionale, décrite d'Italie de la région des Pouilles, elle doit son nom à la ville de Tarente, où elle a été trouvée la première fois. Une légende est liée à cette grosse araignée, que l'on croyait responsable de morsures provoquant des réactions qu'il fallait extérioriser en dansant la « tarentelle ». Une danse sur une musique de plus en plus rythmée, qui estompait les effets du venin... À la lumière des connaissances actuelles, la symptomatologie décrite pour cette araignée est en fait à attribuer plutôt à la veuve noire méditerranéenne, présente aussi dans les mêmes types de milieux, mais moins visible.

## Vie sous l'eau

Une seule araignée au monde, de la famille des Dictynidae, est revenue à une existence aquatique, l'argyronète *Argyroneta aquatica*, qui vit dans des mares peu profondes de bonne qualité, dans une sorte de cloche d'air au milieu de la végétation. Cette espèce respire à l'aide de poumons, et non de branchies comme toutes les autres araignées qui mènent une vie terrestre, même si certaines peuvent également plonger sous l'eau quelques minutes à la recherche de proies. La technique utilisée pour garder les échanges gazeux est de construire une sorte de dôme, réalisé à l'aide de quelques fils de soie enchevêtrés, sous lesquels viennent se bloquer les bulles d'air récupérées par l'araignée à la surface de l'eau. Ces bulles sont libérées au fur et à mesure des allers-retours sous ce voilage soyeux, et en s'agglomérant, elles vont former une sorte de cloche de plongeur, dans laquelle vit l'argyronète ; elle y mange ses proies (petits poissons, têtards, insectes aquatiques), qu'elle chasse en s'agrippant aux tiges des plantes, s'y reproduit (le mâle vient la retrouver dans sa bulle pendant quelque temps), pond et protège son cocon des prédateurs éventuels...

*Ce tour d'horizon des techniques de chasse et des mœurs variées au sein de ce groupe zoologique, dont l'existence est datée de 305 millions d'années, illustre bien les phénomènes évolutifs qui se sont développés au cours des temps géologiques. Est-ce la preuve de leur « intelligence », ou tout du moins de leur faculté d'adaptation très développée ? Découvrons encore d'autres particularités de leur biologie.*

## Une reproduction à risque

La rencontre entre mâle et femelle est nécessaire, chez les araignées, pour la transmission du sperme qui permettra la fertilisation des œufs. Une fois leurs bulbes copulateurs remplis, les mâles vont développer différentes techniques d'approche afin de pouvoir insérer leurs bulbes dans la fente génitale femelle. Ces processus ont principalement pour rôle de diminuer l'agressivité naturelle des femelles et d'éviter d'être pris pour une proie potentielle – rappelons-nous que les araignées sont carnivores et qu'elles sont elles-mêmes parmi leurs plus grands prédateurs ! Qui plus est, elles sont cannibales, se nourrissant donc d'individus de leur propre espèce. Voici une autorégulation qui nous évite des invasions d'araignées autour de nous !

Au cours de leur développement, les individus mâles stockent leurs spermatozoïdes dans une poche abdominale.

Après la dernière mue, soit la mue adulte, ils doivent opérer un transfert dans les bulbes copulateurs. C'est à ce moment-là que chacun arrête de se nourrir et procède à ce remplissage. Pour ce faire, il part à la recherche soit d'une toile de femelle, soit d'un endroit tranquille pour tisser sa propre toile. Cette dernière s'appelle une toile spermatique, car elle sert au dépôt des gouttelettes de sperme ; de toute petite taille, elle se présente sous des formes variées, en général géométriques selon les espèces (sauf quand le mâle utilise des fils préexistants entrecroisés de bords de toile de femelle). Le sperme libéré par la fente génitale sur la face ventrale de l'abdomen, le mâle procède au remplissage de chacun des bulbes, l'un après l'autre, par capillarité au-dessus de la goutte. Cette opération achevée, il est prêt à rencontrer une femelle.

La deuxième étape débute ; les mâles vont utiliser des techniques diverses pour une approche tranquille de la femelle : signaux tactiles, tiraillements de fils d'un piège accomplis d'une certaine manière, contacts physiques avec des sortes de caresses des soies sensorielles des femelles, signaux chimiques, avec l'émission de phéromones par les femelles perçus par les mâles au cours de leurs déplacements, signaux sonores, les araignées étant pourvues, pour un certain nombre d'entre elles, d'organes de stridulations (une partie rigide et une mobile venant frotter à sa surface), tambourinages sur le sol à l'aide de leurs pattes ou de leurs corps tout entiers ; ils produisent aussi des signaux visuels, comme une chorégraphie bien réglée faite uniquement de mouvements (mention particulière aux araignées sauteuses, dont les toutes petites araignées-paons découvertes en Australie, avec des séquences courtes à visionner sur le Net), gestuelle à laquelle peuvent s'associer des dévidements de fils de soie entourant les pattes des femelles, par exemple chez certains genres d'araignées-crabes.

La durée de cette phase préliminaire est très variable selon les espèces, de quelques minutes à plusieurs heures. Ce rapprochement réussi, l'accouplement peut avoir lieu. Les positions des deux sexes pour l'introduction des bulbes sont également diversifiées tant dans la durée que les postures. Notons que chez certaines espèces, les mâles restent au côté des femelles pendant quelque temps, dans une même loge ou dans un même terrier. C'est ensuite la mort des mâles, une fin de vie naturelle le plus souvent, même s'ils peuvent aussi être dévorés par leur partenaire (ce qui n'est pas un comportement systématique) ; leur durée de vie est toujours plus courte que celle des femelles. Polyandrie (plusieurs mâles pour une femelle) et polygamie (plusieurs femelles pour un mâle) ont été notées chez les araignées, encore une fois selon les espèces.

## Ponte et développement

Après la mort des mâles, les femelles vont débuter leur période de ponte (une seule période dans leur vie, une fois le stade adulte atteint, sauf chez certaines mygales tropicales de grande taille qui font des mues post adultes et peuvent pondre sur plusieurs saisons). Les araignées sont ovipares, c'est-à-dire qu'elles pondent des œufs. Ces œufs sont toujours entourés de fils de soie en quantité, épaisseur ou couleur variables. Et là encore il y a une très grande diversité dans l'aspect des cocons.

Un des plus élaborés en Europe est celui de l'épeire frelon, espèce rencontrée fréquemment en lisière de forêt, dans des landes et des prairies ouvertes. Des couches de soie successives de textures différentes, donnant au final un cocon de soie parcheminée en forme de montgolfière renversée, protègent les jeunes pendant l'hiver. La femelle meurt après sa période de ponte, qui peut durer environ un mois et demi, et durant laquelle elle confectionne de un à trois cocons renfermant plusieurs centaines d'œufs. Tout comme chez cette espèce, nombre de femelles d'araignées meurent après la ponte, mais elles ont pris soin au préalable de bien protéger leur future progéniture, même si les cocons sont laissés seuls dans, ou sous divers supports.

En revanche, chez d'autres espèces, les femelles restent auprès de leurs cocons ou les portent avec elles, le temps de développement des premiers jeunes.

Elles n'ont pas toutes la même stratégie : les veuves noires accrochent leurs petits dans leur réseau de fils et se tiennent près d'eux pour les protéger des prédateurs éventuels ; les araignées-crabes se postent, pattes étalées, sur leur masse d'œufs recouverte de soie blanchâtre très serrée, confectionnée sur une feuille ; la pisaure admirable maintient son énorme boule de soie par les pédipalpes et les crochets à l'avant de son corps, ne se nourrissant plus pendant toute la durée du développement des jeunes jusqu'à leur sortie ; les araignées loups trimbalent au printemps des petites boules de soie blanchâtres, bleutées ou marron, accrochées à leurs filières.

Que se passe-t-il dans ces sacs soyeux ? Le développement débute à l'intérieur du chorion de l'œuf. Les premiers jeunes en sortent au bout de quelques jours à quelques semaines, selon la période de ponte qui peut être printanière, estivale ou automnale. Ensuite, ils s'extraient de ce chorion pour se retrouver le plus souvent dans une autre coque, mais cette fois en soie, protégée ou non par la mère. Le développement se poursuit par une acquisition progressive des organes, en particulier les organes des sens. Une première mue a lieu dans le cocon, et les mues suivantes (dont le nombre total varie en fonction des espèces et de leur durée de vie) se font à l'extérieur pour accéder au stade adulte, au bout de quelques mois à plusieurs années. Un cycle de vie dure en moyenne une année chez la grande majorité des espèces. L'âge maximum atteint a été établi à une vingtaine d'années dans des conditions naturelles (une trentaine, dans des conditions d'élevage, pour des grosses mygales exotiques).

À leur sortie, les jeunes sont soit seuls, restant ensemble quelques jours avant leur dispersion, soit sous la protection de la mère avec, là encore, des situations diversifiées : confection de toile pouponnière en forme de dôme, sous laquelle le cocon est déposé, ce qui permettra aux jeunes, à leur sortie, d'être protégés des prédateurs jusqu'à leur dispersion ; recouvrement du corps de la femelle par les jeunes grimpant sur son dos ; maintien dans une loge avec offrande de proies, voire régurgitations, voire encore « sacrifice » de la femelle avant la dispersion des jeunes.

Il n'y a donc pas d'apprentissage chez ces animaux ! Les jeunes émergeant des cocons, laissés seuls sans la protection de la mère, se débrouillent. Une jeune épeire construit instinctivement une toile géométrique pour capturer ses proies ; pour la jeune araignée crabe ou l'araignée sauteuse, pas de pièges, mais elles commenceront à arpenter le terrain à la recherche d'un endroit favorable. Et même chez les espèces qui leur donnent encore des soins jusqu'à leur dispersion, les jeunes partent ensuite pour passer leur vie en solitaires.

## Dispersion aérienne

Qui n'a pas aperçu au printemps ou à l'automne une multitude de jeunes araignées jouer les aéronautes ? Quel spectacle que cet envol dans les reflets du soleil par de beaux matins frais ! Elles se laissent emporter par le moindre souffle d'air, en utilisant aussi les courants ascendants, au bout de fils de soie qu'elles laissent se dévider jusqu'à lâcher le support surélevé sur lequel elles avaient grimpé.

Ce phénomène de dispersion en masse est appelé le *ballooning*, ou fils de la vierge, ou encore pluies d'araignées ; les filaments soyeux peuvent recouvrir des surfaces considérables de prairies et occuper l'espace aérien. Grâce à cette technique de dispersion, en utilisant leur principale caractéristique – à savoir la production de fils de soie –, les araignées ont colonisé presque tous les milieux et ont misé sur la production de masse, plutôt que le développement individuel, pour perpétuer l'espèce depuis la nuit des temps ! Les distances parcourues peuvent être énormes.

Au cours de cette phase de dispersion, les pertes sont considérables. Elles peuvent ainsi se laisser emporter très, très haut dans le ciel, ce qui ne correspond pas toujours à de bonnes conditions de survie. Ou elles tombent dans l'eau de mer, et c'est la mort assurée ! Et surtout, elles servent de nourriture à d'autres animaux, en particulier les oiseaux, car elles ont bien sûr elles-mêmes des prédateurs et des parasites qui limitent leurs populations.

## Un rôle à jouer

Ces animaux sont des prédateurs qui ont un rôle écologique très important ; ils sont également de plus en plus reconnus comme de bons bio-indicateurs de l'état d'un certain nombre de types de milieux : humides, forestiers, ouverts, désertiques, montagnards, etc. Très bons insecticides naturels, les araignées peuvent consommer en moyenne 10 à 20 % de leur propre poids en proies chaque jour.

D'ailleurs, ne dit-on pas dans un adage populaire : « Une maison avec des araignées est une maison saine » ? Effectivement, l'araignée assainit en partie les habitations en se nourrissant de moustiques, de mouches, d'acariens, de mites... organismes bien présents dans notre environnement immédiat. De plus, elles pratiquent l'autorégulation en se mangeant entre elles. Alors, laissons-les se débrouiller, comme le pholque aux longues pattes fines de l'angle de la salle de bains ou de la cuisine, qui peut capturer une petite tégénaire passant à sa portée ! Elles sont bien sûr plus nombreuses en extérieur, avec des densités variables selon les milieux ; des études en prairies ont estimé leur densité au mètre carré à quelque 200 individus, la plupart ne mesurant pas plus de 1 ou 2 millimètres.

*Des images qui auront changé dans l'esprit de la plupart d'entre vous ? Des idées fausses qui se seront envolées au fil des pages ? Tant mieux si c'est le cas. Avec peut-être de nouveaux questionnements qui sont apparus au travers de cette transmission des connaissances. La curiosité est actionnée par tant de zones d'ombre à comprendre dans le mode de vie actuel des araignées, et dans leur évolution à travers les âges. Comment ont-elles fait l'acquisition de toute cette technicité ?*

## Quelques autres idées reçues à ôter de nos esprits

### Elles sont poilues

Non, elles portent des soies sur le corps, définissons-les plutôt comme des animaux velus ou soyeux.

### Elles pondent sous la peau

En aucune manière. Elles ne possèdent pas d'organe perforant pour enfoncer leurs œufs sous les couches de derme.

De plus, les œufs sont toujours entourés de fils de soie en plus ou moins grande quantité.

## Elles s'installent dans les oreilles

Peut-être est-ce déjà arrivé, mais le phénomène doit rester très, très rare. Seules de petites espèces pourraient le faire éventuellement, mais a priori, les pavillons de l'oreille ne les attirent pas. Et de toute façon, ce ne serait pas dangereux. Il serait possible de les enlever à l'aide d'eau sous pression !

## Boutons du matin = piqûres d'araignées

Dans 99 % des cas de réactions cutanées plus ou moins marquées sans cause connue, arrêtons d'accuser aussitôt les araignées. Ces réactions ne seraient de toute façon que temporaires la plupart du temps et se soigneraient très bien. D'autres phénomènes sont susceptibles de les provoquer : n'a-t-on pas, dans les habitations, de nombreux animaux microscopiques comme des acariens, des puces ou d'autres organismes de taille un peu plus grande, mais pas forcément très visibles en fonction de leur mode de vie, tels les punaises de lit, les moustiques, les mouches...

## Un dormeur avale des araignées

Dans notre vie, il est possible que nous attrapions par inadvertance durant une balade, par exemple, quelques petites araignées qui volaient au bout de leurs fils, tout comme des moucherons ou autres petites bêtes se déplaçant dans le plancton aérien. Encore faut-il que la bouche soit ouverte à ce moment-là. Mais avaler des araignées pendant notre sommeil, comment ? Dans leur mode de vie, la bouche n'est pas un milieu où elles iront s'installer. Et les ronflements ne les attirent pas, les vibrations émises ne correspondant certainement pas à des mouvements de proies potentielles.

*À présent, même si la question de l'intelligence est toujours posée, laissez-vous donc porter plutôt par les légendes des araignées : Arachné tissait de superbes toiles, et fut la première humaine à oser affronter la déesse Athéna, qui la transforma à vie en araignée.*

*Et n'oubliez pas de suspendre des attrapeurs de rêves dans les chambres, comme les Amérindiens, afin que les cauchemars soient bloqués par les fils et que les rêves puissent s'exprimer librement. Découvrez le personnage des contes africains, Ananse, qui serait à l'origine de la vie sur la Terre. D'ailleurs rappelez-vous que « l'on descend tous d'une petite araignée, Ananse. Le monde est notre vaste toile. Où que nous allions sur la toile de ce monde, c'est l'amour qui nous y mène. Toujours il existera des fils qu'il faudra savoir saisir, et d'autres qu'il faudra lâcher... ».*

# Entre espièglerie et sagesse, vivre en bonne intelligence avec les chats

**Anne-Claire Gagnon**

*Vétérinaire
et comportementaliste
spécialisée en comportement
félin*

Pour comprendre les chats, il faut leur œil lumineux, pétillant, à qui rien n'échappe, comme celui du réalisateur. Et il faut de la poésie, le meilleur moyen d'ouvrir les cœurs pour accéder au rêve de tout propriétaire de chats, les entendre parler notre langage ! Car pour nous humains, l'intelligence est très souvent le verbe, l'art et le maniement des concepts, l'arithmétique, etc.

L'intelligence des chats est servie par des capacités sensorielles et physiques particulières et singulières. Tout voir n'implique pas de tout maîtriser, mais cela donne la sensation rassurante de mieux contrôler son environnement. Et en prenant de la hauteur, non seulement on respire mieux, mais on a une vue d'ensemble qui convient particulièrement aux chats.

Essayons donc, comme les chats nous y invitent, de balayer le paysage avant de zoomer sur les publications scientifiques traitant de leur intelligence et de leurs capacités cognitives. Juste une parenthèse : le terme « cognition » est celui que les scientifiques pensent pouvoir partager avec les animaux, en gardant pour eux le terme singulier d'« intelligence »...

Une affaire de langage, sachant que de plus en plus de chercheurs, notamment en zoosémiotique, voient dans les signes échangés par les animaux une forme de langage.

## Une palette de sens développés

Les chats ont l'intelligence pratique que leur donne l'utilisation rapide de tous les sens dont la nature les a comblés. Avec une panoplie digne du GIGN, dont ils font le meilleur usage.

En terme d'olfaction, ce sont des macrosmiques, sensibles à la moindre molécule qui, grâce à leur organe voméro-nasal, informe directement le cerveau de la situation.

Leur vision est excellente de loin, particulièrement sur les différences de luminosité et sur les mouvements. De près, ils auraient besoin de lunettes, mais compensent avantageusement par leurs moustaches, détectant les colonnes et mouvements d'air.

Leur audition est digne d'un premier prix de conservatoire, puisqu'ils repèrent les différences de un dixième de ton, avec un spectre de 45 à 64 kHz.

Le toucher est un sens qu'ils utilisent avec leur pelage, leur peau, leurs moustaches mais aussi leurs coussinets.

Enfin, côté goût, ils ont la particularité de ne pas être sensibles au sucré, mais d'avoir des fibres nerveuses sensibles à l'eau, un liquide qui, contrairement à nous, a donc pour eux une saveur – d'où leur exigence dans ce domaine.

À ces compétences sensorielles, les chats ajoutent leurs expériences et analyses quotidiennes. À la fois avec leur capital génétique, leur éducation, mais aussi les évènements de la vie, les bons et les moins bons.

Il faut être honnête, le chat est un pessimiste de nature qui retient immédiatement une mauvaise expérience, capable même d'en faire une généralité et de développer ce qu'on appelle des comportements superstitieux. *Chat échaudé craint l'eau froide* est un excellent résumé de ce trait comportemental. Ainsi, un chat qui a eu une fois une mauvaise expérience chez un vétérinaire va anticiper une expérience similaire chez un autre confrère à la simple odeur de médicaments, aux bruits et aboiements des chiens, et donc se mettre en mode vigilance. Il faut souvent des trésors de patience pour réconcilier un patient félin avec notre corps de métier.

## Prédation, l'intelligence en action

La chasse est une des activités principales dans la vie quotidienne d'un chat errant, comme ça l'était pour ses ancêtres. L'activité de prédation du chat est une des mieux connue des neurobiologistes humains, après l'émotion de colère (aussi appelée *defensive rage)*.

Le chat chasse à la fois par nécessité et par plaisir, avec une estimation très fine de ses chances, du volume de ses proies, de leur état de santé et de faiblesse. C'est un opportuniste qui ne voit ni trop grand ni au-dessus de ses forces. Ses sens et sa motivation lui permettent d'identifier exactement et précisément la présence et les mouvements, bruits ou odeur d'une proie.

Il lui arrive d'être néanmoins surpris, frustré, car les chats ne font pas mouche à chaque fois, loin s'en faut. Quatre lapins sur cinq leur échappent, neuf proies sur dix. Mais pendant cette quête, ils font marcher leurs neurones et leurs muscles, donc s'entretiennent psychiquement et physiquement.

Lors de la recherche de ses proies, le chat a une patience d'ange, pouvant rester en planque de longues minutes. Comme tout bon journaliste, il traque le moindre détail, surtout à quelques mètres de lui. Le chat est un tueur de sang-froid, excité par la quête, attentif à tout, qui au moment de tuer sa proie ne ressent rien. Plus aucune émotion ne lui passe par la tête, le grand vide. Il tue sa proie avec ce que les neurobiologistes nomment le *quiet-biting*, une morsure calme que le simple fait de caresser ses moustaches peut déclencher à notre corps défendant !

## Persistance de l'objet et intelligence déductive

C'est grâce à ses compétences de chasseur que le chat a réussi des tests qui ont permis de le classer au stade 5B sur l'échelle de Piaget, comme un enfant de 8 ans. Ce qui n'est pas rien.

*L'intelligence sensori-motrice est l'activité ordonnatrice et auto-organisée grâce à laquelle le sujet structure ses actions et les milieux avec lesquels il interagit, de manière à atteindre les buts qu'il se fixe.*

Jean Piaget

Cette intelligence se développe très tôt chez le chaton, dès le 28e jour, au cours du développement moteur et des jeux. Les tests de permanence de l'objet ont été réalisés dans les années 1990 par l'équipe de Dumas au Québec. Il s'agissait de retrouver, par déduction, derrière lequel des écrans (des petites plaques) se trouvait un objet caché en leur absence. Ce qu'ils réussissent très vite, un vrai jeu d'enfant

Mais quand ils doivent retrouver cet objet, les choses se compliquent, même si le chat fait preuve d'anticipation en allant chercher par la gauche un objet qui était à droite la dernière fois où il l'a vu. Une stratégie qui, en matière de prédation, est très payante, puisqu'il arrive sur sa proie par surprise !

En revanche, le chat ne semble pas, dans certaines situations expérimentales purement visuelles qu'on lui propose, capable de déduction logique, en voyant par exemple un objet dans une boîte, puis la boîte vide. À moins qu'il ne soit d'une sagesse infinie, ayant accepté l'idée que la boîte était vide, celle des croquettes, par exemple. Ce qui le pousse d'ailleurs généralement, lorsque son écuelle est vide aussi, à venir nous le signaler rapidement, en y faisant de nombreux allers-retours, pour être sûr qu'on comprenne qu'un objet a mystérieusement disparu de cet endroit et qu'il faudrait l'y remettre de toute urgence ! On perçoit toute la difficulté qu'il y a entre une situation expérimentale et la vie quotidienne.

Dans une récente publication – puisque nous avons la chance que *Behavioural Processes* consacre un numéro entier à la cognition du chat – une étude s'est penchée sur une question cornélienne pour cet animal : peut-il y avoir une balle dans une boîte fermée qui ne fait pas de bruit ? La version féline de la fumée sans feu.

Une équipe japonaise a fourni à des chats des jeux qui leur ont plu : écouter le bruit d'un objet dans une boîte, voir une boîte silencieuse dont tombe un objet, ou une boîte qui fait le bruit de l'objet sans que rien n'en tombe (l'objet sonore restant collé au fond). Les chats ont compris le lien de causalité entre le bruit et l'objet en ayant vu seulement une fois les boîtes. Puis ils ont été particulièrement intrigués par l'incongruence entre le bruit de la balle et une boîte apparemment vide, qu'ils ont longuement explorée pour comprendre ce qui n'était pas un double-fond, mais un micro collé !

Dans une seconde étude de la même équipe, on leur a montré pendant seulement 40 secondes quatre boîtes de couleur différente avec des friandises (dont ils ont juste eu le temps d'en manger une !), puis on les a distraits quinze minutes. Et lorsqu'on leur a montré de nouveau les boîtes, la plupart d'entre eux sont allés vers celles où logiquement des friandises auraient dû se trouver.

Une précédente équipe avait conclu un peu hâtivement *que la compréhension de la causalité chez le chat était peu sophistiquée*. Ils avaient proposé à 15 chats de refuge de tirer sur une simple ficelle à l'horizontale pour récupérer l'aliment fixé au bout (thon, sardine ou friandise), puis choisir la bonne ficelle parmi deux parallèles, puis croisées.

Les chats ont réussi à 93,3 % le premier test, mais n'ont pas réussi les deux autres, montrant des signes évidents de lassitude. Les chercheurs évoquaient l'hypothèse que la ficelle était beaucoup plus amusante seule qu'avec une friandise bien visible et encombrante.

## Pour une écologie nécessaire des tests scientifiques

Quand on commence à prendre les publications par le petit bout de la lorgnette en examinant tous les paramètres des protocoles, on a souvent des surprises.

Ce qu'on nomme aujourd'hui la qualité écologique des tests n'est pas vraiment respectée, en clair on ne prend pas les chats dans le sens du poil, donc ils font de la résistance, ce qui donne du fil à retordre ou du grain à moudre aux chercheurs.

L'inégalité des chances est souvent frappante, à la lecture des protocoles. J'imagine sans peine, cependant, combien les chercheurs se creusent les neurones pour inventer des protocoles qui soient à la fois pertinents pour leurs sujets félins et pour le traitement scientifique des données recueillies.

Voici deux exemples parmi les récentes publications, l'une qui comprend les chats et ses singularités, l'autre qui les traite comme des objets (puisqu'ils sont nommés par des matricules, alors que les chiens auxquels ils sont comparés ont chacun un vrai nom et un vrai maître).

Dans l'adaptation faite d'un labyrinthe – un dispositif expérimental mis au point pour les souris et les rats, ce qui ne manque pas de sel pour les chats ! – 18 chats ont franchi, pour parvenir à la récompense hautement appétente, un parcours de saut d'obstacles (entre l'*agility* et le *steeple chase*), avec la mission de choisir le bon côté, droit ou gauche, le labyrinthe se terminant en T. Un parcours quasiment sans faute et sans perte de motivation pour les 18 chats.

Précisons que pendant les repérages, l'entraînement et la familiarisation au dispositif, les chats avaient marqué une nette préférence pour un côté, point qui a été utilisé pour la première partie du test (la friandise était bien du côté attendu, pour favoriser la première réussite et les encourager).

Dans une seconde étude, *Distractible dogs, constant cats*, les chercheurs ont voulu vérifier que l'endroit où sont posés des bols avec les friandises modifient le taux de réussite. Les références en la matière sont les chiens, mieux à même de lire les indications gestuelles de l'homme que les chimpanzés. Or on a récemment compris que les conditions expérimentales proposées à ces derniers les perturbaient, le bol étant mis en face d'eux, devant l'expérimentateur. Mettre un bol de chaque côté de celui-ci favorise la communication, alors que mettre le chercheur et l'objet dans le champ de vision frontale provoque souvent la distraction, et donc la non-réussite du test.

Au cours de cette étude, les chats ont été traités moins bien que des chiens (nommés par un matricule, mis à jeun trop longtemps, etc.) et ont pourtant mieux réussi qu'eux !

C'est-à-dire que le chat comprend les indications de localisation du bol sans se laisser distraire par la vue du chercheur. Fidèle à sa stratégie de chasseur, il est attentif et concentré, balayant son champ de vision et suivant le moindre geste.

## Quelles formes d'intelligence ?

Savent-ils compter ? Nos heures d'absence ? La quantité de grains de litière propre dans leur bac ? Le volume de leur ration ? L'intensité de nos câlins ? La lourdeur de nos chagrins ?

Les chats ont de l'esprit, la cause est entendue. De l'esprit d'à propos, de l'esprit taquin à n'en pas manquer, de l'espièglerie que nous qualifions parfois de mauvais esprit... quand ils nous font remarquer, à leur façon, combien l'entretien de leur bac laisse à désirer.

J'ai reçu très récemment un coup de fil du neveu d'une vieille amie qui venait de décéder, et qui lui avait, quelques jours encore avant sa mort, raconté avec émotion cette anecdote : Angélique, la chatte mascotte de ma clinique qu'elle gardait, dormait habituellement soit sous son lit, soit sur le divan, mais jamais *sur* son lit. Mme Grassi, les larmes aux yeux, lui dit un matin : « Quand même, tu pourrais venir dormir avec Tatie, tu sais... »

Le soir même, Angélique attendait devant la porte de la chambre à coucher, et s'est installée royalement, une fois sa Tatie au lit, sur son ventre ! Et cet homme, qui n'a jamais rencontré Angélique, de me dire : « Elle est sacrément intelligente, Angélique, elle comprenait tout ! »

C'est un point sur lequel tous les propriétaires de chats – qui ne sont pas des gens tout à fait comme les autres (et en sont fiers !) – et leurs amis s'accordent. Il suffit d'ailleurs d'accueillir un nouveau chat dans une maison pour s'en rendre compte immédiatement. On n'a pas besoin de leur indiquer où est la cuisine, le canapé, la chambre ni où se trouve le plus joli chandail en cashmere – il trouve tout, tout de suite, en un clin d'œil !

Évaluer les quantités fait partie de leurs compétences, on le voit dans l'activité de prédation. Un chat ne s'attaque pas à plus gros que lui, il n'a pas les yeux plus gros que le ventre. C'est même réglé au gramme près. Toutes les observations montrent que les chats ne s'attaquent qu'à de petites proies, 41 grammes en moyenne, et qu'à la maison, un chat ayant libre accès à une quantité déterminée d'aliment fait de nombreux tout petits repas de 5 à 8 grammes à la fois, pour les croquettes, et de 40 à

60 grammes pour les aliments humides. Il est donc tout à fait capable de distinguer les quantités, et s'il a tendance à choisir l'assiette la plus pleine, il ne prend pas toujours les plus gros morceaux, sachant visiblement reconnaître d'un coup d'œil la taille idéale d'une bouchée. C'est ce qu'a montré une équipe mexicaine dans une très jolie étude, en proposant à 22 chats de choisir entre deux portions de un à huit morceaux identiques (4 grammes), puis de choisir entre des morceaux de différents volumes, respectivement de 4 à 20 grammes. Les chats avaient été consultés avant le début des tests pour savoir quel était leur aliment préféré, et chacun a travaillé avec son choix (viande de bœuf hachée, thon en boîte ou aliment en boîte). Chaque chat a effectué six tests, chez lui, au calme.

Dans le premier choix, ils ont pris l'assiette la plus pleine, mais lorsque les morceaux étaient de taille différente, ils ont ostensiblement évité les gros morceaux.

Pour déterminer si l'odeur primait sur la vision, un dernier test leur a présenté les aliments dans des petits tubes opaques, au fond desquels les chats ne pouvaient rien apercevoir. Les chats semblent avoir choisi au hasard, sans se soucier s'il y avait une ou six bouchées dans chaque tube, montrant moins de détermination dans leurs choix que lorsqu'on leur présentait l'aliment sur un plateau. La forme joue certainement aussi, et le tube dans lequel étaient les aliments ne devait pas être motivant. Car les chats sont opportunistes, ils aiment ce qui leur tombe sous la patte.

Apprécier les quantités, les volumes, le plus et le moins, c'est bien, mais les mères chattes savent-elles compter leurs chatons ? On peut le penser, puisque les poules le font bien. En tout cas, elles reconnaissent leurs petits, de même que les chatons reconnaissent la voix de leur mère. Et une chatte peut distinguer les cris de détresse de ses chatons de ceux d'une autre portée. Reste que lorsqu'elle entend ces cris, elle choisit la vie et ne fait pas de différence entre ses chatons et ceux d'une autre, elle rapporte l'égaré au bercail, dans le nid. Faisant preuve d'une véritable compassion (l'empathie en action), et au-delà, d'une véritable intelligence de la vie.

Une remarque : C'est à un de mes chats, mâle castré, que je dois d'avoir compris la portée universelle de ce cri de détresse d'un chaton de deux jours. Qui s'est immédiatement proposé comme maman de substitution, au même titre que les autres chattes de la maison.

L'histoire de la maman de ce chaton affamé est intéressante, car – et j'ose la raconter maintenant en public, tant mes amies éleveuses m'ont raconté de dialogues qu'elles ont pu avoir avec leurs reproductrices – cette jeune persane n'avait clairement aucune disposition pour être maman. Mais le projet de sa propriétaire était tout autre. Donc la chatte a été saillie, mais au moment de la mise bas, rien ne se passait facilement. Au moment où elle a été hospitalisée, un premier chaton est né, dont elle n'a pas pris soin. C'est étonnant ce qu'on peut lire dans le regard et l'attitude d'un chat, mais j'ai clairement compris qu'elle reniait cette aventure. Et n'aspirait qu'à une chose, être stérilisée pour qu'on n'en parle plus. Il lui restait des chatons à expulser, elle tardait, j'étais prête à pratiquer la césarienne nécessaire, mais j'ai négocié en lui parlant et promettant que si elle laissait la mise bas se poursuivre naturellement, au lieu de se bloquer comme elle le faisait émotionnellement (et physiologiquement), je lui donnais ma parole que j'expliquerais à sa propriétaire qu'il allait falloir la stériliser deux mois plus tard. Le, ou les chatons restants sont venus au monde dans la nuit, et j'ai dû les biberonner, car la chatte n'avait pas de lait, et aucune disposition maternelle, et je l'ai stérilisée comme promis deux mois après !

La chatte est, depuis l'Antiquité, un modèle de maternité, mais certaines n'ont aucune envie de materner, les éleveurs en savent quelque chose.

## Les chats font-ils preuve de compassion ?

Oui, nous venons de le voir à la façon dont les mères chattes traitent les chatons étrangers en détresse. Et dans de nombreuses anecdotes, comme celle de Poussy, dans les années 1950 – qui est venue réveiller son maître en plein milieu de la nuit car il y avait une fuite de gaz (les vieux poêles à gaz de l'époque) – toute la famille a été sauvé grâce à elle, à qui, 60 ans plus tard, son maître était toujours reconnaissant.

Rentrant d'un déplacement par le dernier avion, je suis accueillie par Figolu, un de mes chats mâle castré, qui fait d'incessants mouvements entre moi et la chambre d'amis, où l'autre chatte, Ébonite, est paisiblement couchée. Quelques gouttes de sang sur le carrelage, trois fois rien. Tout semble en faveur d'un épisode de cystite pour lui. Je lui administre des spasmolytiques et pars me coucher. Mais il est revient à la charge, miaulant, et finissant par me traîner pour regarder plus attentivement Ébonite, qui ne s'était pas levée à mon arrivée.

En fait, elle avait chuté depuis le troisième étage, avait été remontée dans l'appartement par la gardienne – qui n'avait ni téléphoné ni laissé de message – alors qu'elle avait une fracture ouverte sur la patte arrière. J'ai foncé aux urgences, avec mon Ébonite toujours silencieuse et stoïque ! Je n'ose imaginer ce que Figolu a dû penser de moi à ce moment-là. Que j'avais un QI de poisson rouge ? Certainement...

## La cartographie du cerveau, la boîte noire des chats

En matière d'intelligence, les neurobiologistes savent quasiment tout de la boîte noire de nos chats, leur cerveau est un livre ouvert, étudié sous toutes les électrodes depuis des décennies, pour mieux comprendre notre fonctionnement cérébral à nous. Une preuve patente de la hauteur de l'intelligence qu'on leur accorde sous les électrodes, mais pas forcément de la reconnaissance qu'on leur porte.

Dans les grandes découvertes du fonctionnement de l'apprentissage, le conditionnement opérant est certainement l'étape déterminante, après le conditionnement tel que Pavlov l'a montré sur les chiens, étape sur laquelle a été fondée la psychologie moderne. C'est à Thorndike et à son chat, enfermé dans sa cave, pour être plus à crocs et donc plus à même de travailler, qu'on doit les bases de la psychologie moderne, de même que les travaux sur l'intelligence animale...

Avec ses deux lois :

• La loi de l'effet : un comportement suivi d'une récompense sera associé à la situation qui l'a déclenchée.

• La loi de l'exercice, inspirée par Hermann Ebbinghaus : plus un sujet se comporte d'une certaine façon dans une situation donnée, plus l'association entre cette situation et ce comportement sera renforcée.

(https://www.youtube.com/watch?v=BDujDOLre-8)

On comprend l'intérêt des comités éthiques actuels...

Le chat de Thorndike, comme ceux qui arpentent les labyrinthes, ont démontré dans ces expériences leurs sens et intelligence pratiques. Une porte est fermée, cherchons l'autre issue ! Opportunistes, curieux, débrouillards, les chats n'ont pas leurs quatre pattes dans le même sabot, et leurs yeux sont reliés à un cerveau et des muscles particulièrement efficaces et coordonnés.

De ces expériences on a tiré des conclusions essentielles pour le genre humain, en termes d'associations de cause à effet, sans pour autant valider les acquis de l'expérience pour l'espèce féline ! À laquelle nous devons notre reconnaissance, puisqu'aujourd'hui encore, ils travaillent à leur cerveau défendant pour éclairer la science.

## Savent-ils lire dans nos pensées ? Nous comprendre à demi-mots ?

En clair, ont-ils cette intelligence intuitive à laquelle, même si nous les humains parlons beaucoup, nous aspirons tous – sans avoir besoin qu'on le leur dise. Comprennent-ils les cycles de la vie ?

Oscar est un chat d'unité palliative qui a défrayé les chroniques, et pour l'avoir vécu avec une de mes chattes, lors de la fin de vie de ma grand-mère, je sais que les chats comprennent, comme nous, ce moment très particulier où l'on sait que le compte à rebours est enclenché...

Ce moment-là, je ne peux pas l'oublier, car dans l'échange de regards entre Mimine et moi, nous avons su toutes les deux au même moment que Mamie n'avait plus que quelques jours à vivre. Combien ? Le médecin n'en avait aucune idée, et je me demande toujours si Mimine elle-même le savait. Mais juste après ce regard, elle a grimpé sur les genoux de ma grand-mère (dont elle n'avait jamais été proche depuis les quatre mois que celle-ci habitait avec nous) et ne l'a plus quittée jusqu'à son dernier souffle. Elle a même voulu la veiller ensuite et la suivre jusqu'à sa demeure dernière, avec une étrange obstination.

De nombreuses personnes peuvent témoigner de la compréhension qu'ont leurs chats de leur humeur, ce qui a été démontré par des publications, avec une attitude compassionnelle des chats, très proches et câlins, auprès des femmes dépressives (Turner). La notion de contagion émotionnelle démontrée chez le chien n'est pas encore formellement établie chez le chat, en raison de sa discrétion à exprimer certaines émotions.

Dans son dernier ouvrage, Frédéric Lenoir raconte comment un de ses chats savait parfaitement, sans qu'il ait prévenu ses voisins, le moment où il allait arriver dans sa propriété de campagne. On peut multiplier les exemples à l'infini dans ce domaine, mais au fond, la vraie question est de savoir pourquoi nous, les humains, avons tant besoin de savoir jusqu'où et comment les chats sont intelligents ? Un besoin compulsif de comparer – alors que la comparaison, par nature, est une source inépuisable de souffrance.

Ces recherches disent notre curiosité à les voir si différents, notre fascination à les voir nous ressembler, mais elles trahissent notre manque de savoir-vivre en bonne intelligence, la seule chose importante qui compte finalement. Savoir être bien ensemble, respectueusement.

Car une des qualités du chat, comme d'autres animaux, c'est de ne pas faire la différence entre deux humains selon le QI. Les chats (et les autres animaux) ont la même familiarité avec un valide et un non-valide, un prix Nobel et un handicapé mental, pour autant qu'aucun ne les brutalise. L'absence de jugement n'est pas synonyme d'absence de discernement, et n'empêche pas des préférences fortes. Certains chats ne peuvent pas voir ni sentir certains humains, chats ou chiens, et réciproquement.

## Et le test du miroir, alors ?

C'est le cadet de leurs soucis. Ni cabots ni surdimensionnés de l'ego, les chats vivent libres et heureux. Le reflet du miroir est un reflet. Les scientifiques savent parfaitement qu'il est un être « sentient », qu'il a conscience de lui-même. Et lui, le chat qui va tout seul et pour qui tous les chemins se valent, sait parfaitement qui il est, il n'a pas besoin de miroir pour se rassurer ou s'inquiéter ! Même si parfois il peut, comme nous, s'interroger, nul n'est parfait. Et quémander aussi notre « rassurance », en bon anxieux patenté.

Car au fil de notre cohabitation sur la planète, tout solitaire qu'il soit, le chat s'est attaché à nous – le début d'une dépendance affective aux antipodes de sa légendaire autonomie psychique, qui est sa force et qui lui vaut d'être pris pour un égoïste. Il apprécie cependant désormais notre toit, le couvert, nos couettes et canapés, nos compliments même… Car dans son disque dur, depuis ses ancêtres africains, la peur est imprimée en lettres capitales. Et les mauvaises conditions de développement que nous offrons à trop de chatons ne font qu'en rajouter avec le stress prénatal, les traumatismes précoces lors d'abandons, la malnutrition de ces portées de chatons abandonnés dans la nature. Or, pour faire un bon cerveau, développer son intelligence, il faut des protéines et de bonnes conditions de vie environnementales et affectives. Avec le taux d'abandon actuel, nous ne leur préparons pas de beaux jours...

Ce qui n'empêche pas la communauté scientifique de raffiner ses études, comme les toutes récentes sur l'utilisation de la patte droite ou gauche, indiquant le côté du cerveau qui travaille, hémisphère droit ou gauche. On a ainsi montré très clairement que les bruits familiers rassurants (ronronnement, miaulements d'accueil à l'adresse des propriétaires) font travailler le cerveau gauche, alors que les stimuli négatifs (grognement d'un autre chat, aboiement d'un chien) activent les circuits de la peur, de l'agression dans le cerveau droit. Tout un circuit d'émotions pour lequel le chat joue depuis longtemps dans la cour des grands, sans être vraiment reconnu ni remercié. Mais il a le dos large, et le sens de la philosophie inné !

Dernier point : le traitement des informations scientifiques par les journalistes, à l'heure de Google, laisse pensif. Ainsi, à propos de la publication particulièrement documentée sur la personnalité comparée des lions, tigres et chats, les journalistes n'ont pas hésité à faire des raccourcis cinglants et caricaturaux, permettant de faire quelques jolis titres, comme *Your cat wants to kill you, studies say*... Alors, Dr. Jekyll & Mister Hide, le chat ? D'une intelligence bien supérieure, certainement, qui s'appelle tout simplement... la sagesse !

Avec une qualité de silence qui nous interpelle comme un voyage en terre inconnue. Le silence des chats est en fait notre plus grande chance, car ils nous initient à ce qui pourrait être la langue du futur, le silence, comme le dit la maman de Matthieu Ricard, Yahne Le Toumelin. *Ce silence de l'esprit dans lequel fleurissent l'amour et la beauté.* Raison pour laquelle, avec les chats, on est en si bonne compagnie !

# Adoptions interspécifiques et intelligences partagées : cinq chimpanzés en famille

**Chris Herzfeld**

*Philosophe et historienne des sciences*

*Ce n'est pas l'espèce la plus forte qui survit, ni la plus intelligente, mais celle qui répond le mieux au changement*[13] Leon C. Megginson, (à propos de la théorie de la sélection naturelle de Charles Darwin, Louisiane, États-Unis, 1963).

## Intelligence animale

Peut-on penser ce que nous appelons communément « intelligence » au singulier ? Si l'on s'en tient à l'intelligence humaine, le psychologue Howard Gardner, de l'université Harvard, a formulé la théorie des intelligences multiples dès les années 1980[14]. Il a été suivi par d'autres chercheurs. Différentes formes d'intelligences ont ainsi été décrites : musicale et rythmique, spatio-visuelle, verbale et linguistique, logico-mathématique, corporelle et kinesthésique, interpersonnelle, intrapersonnelle, naturaliste,

13. *It is not the strongest of the species that survives, not the most intelligent, but the one most responsive to change.*
14. Voir Howard Gardner. *Frames of Mind : The Theory of Multiple Intelligences*, New York, Basic Books, 1983.

existentielle, morale et sexuelle. Bien qu'elles soient discutables à divers égards, ces théories des intelligences multiples ont néanmoins le mérite de remettre en cause une vision trop monolithique de l'idée d'intelligence.

Par ailleurs, la formule d'« intelligence animale » pose d'emblée le problème thématisé par Jacques Derrida dans *L'animal que donc je suis*[15]. Le mot « animal[16] » rassemble, sous une seule étiquette, un ensemble exubérant et infiniment divers qui s'étend du gorille au ver de terre, de la drosophile à la baleine à bosse, de la langouste au rossignol. Cette grande catégorie abstraite, qui se présente comme homogène, comprend symboliquement tous les êtres du règne animal sauf un, l'homme. La plupart des représentants de l'espèce humaine ne se considèrent, en effet, pas comme des animaux. Ils établissent une séparation radicale entre eux et les autres espèces. Le monde est donc divisé en deux pôles : humanité et animalité. Le naturaliste suédois Carl Linné a pourtant classé les hommes au sein de la série animale dès 1758, dans la dixième édition du *Systema Naturae*, ouvrage considéré comme le point de départ de la nomenclature zoologique actuelle[17]. Cette division du

15. Jacques Derrida. *L'animal que donc je suis*, Paris, Galilée, 2006.
16. Catégorie que Derrida propose de désigner par le terme d'« animot », censé fonctionner comme un signal d'alarme pour rappeler que le vocable « animaux » n'est qu'un mot. Il s'agit de rendre le lecteur vigilant et de lui faire entendre le pluriel dans le singulier.
17. Les humains sont classés dans le groupe des « Primates » (dérivé du terme latin : prīmās, ātis, m. f., et qui signifie : « Qui est au premier rang », Dictionnaire Félix Gaffiot, édition 2016, version V.M. Komarov, p. 1063), groupe anciennement appelé « Anthropomorphes » où Linné range les « Homo » (humains), les « Simia » (singes), les « Lemur » (lémuriformes), et les « Vespertillo » (chauves-souris). Dans la douzième édition (sortie en 1766), les primates comprennent

monde entre humains et animaux entraîne implicitement une délimitation entre deux types bien distincts d'intelligence : d'une part, l'*intelligence humaine*, d'emblée associée aux facultés les plus hautes de l'intellect : esprit, raisonnement, raison, et d'autre part, l'*intelligence animale*, d'emblée reliée à l'instinct, à la survie et aux processus de satisfaction des besoins physiques.

Certains naturalistes ont étudié cette « intelligence animale » dès le XIX^e^ siècle. Ensuite, des chercheurs en psychologie comparée, des éthologues et des spécialistes en sciences cognitives ont travaillé sur différentes espèces, du chimpanzé au poulpe, du perroquet gris du Gabon au dauphin, du cochon au poisson, tout au long du XX^e^ siècle. Ces études ont permis de remettre en cause beaucoup de nos préjugés. Elles se poursuivent aujourd'hui avec des outils performants, des stratégies inédites et des techniques sophistiquées. L'utilisation de la neuro-imagerie en est un exemple.

Le 7 juin 2012, un groupe de neuroscientifiques de renommée internationale a, de la sorte, tenu à officiellement promulguer *The Cambridge Declaration on Consciousness* (« La Déclaration sur la conscience de Cambridge »), à Cambridge (Angleterre). Ils déclarèrent que l'absence de substrats neurobiologiques spécifiques ne pouvait

---

les humains (Homo) qui se divisent en deux sous-genres : l'« Homo diurnus » (parmi lesquels l'*Homo sapiens*, qui lui-même inclut l'*Homo ferus* et l'*Homo monstrosus*, groupes dans lesquels on trouve les « hommes sauvages » et les « enfants sauvages ») et l'« Homo nocturnus » (ou *Homo troglodyte*), composé par les chimpanzés (*Simia satyrus*) et les orangs-outans (*Homo sylvestris*).

être invoquée pour dénier des émotions, ainsi que certaines formes de conscience à divers organismes. Pendant longtemps, on a en effet pensé que l'absence de néocortex[18] excluait la présence de conscience, de raisonnement ou d'états émotionnels, de même que différentes autres facultés pensées comme « supérieures », et de la sorte uniquement réservées à l'homme. Les recherches actuelles démontrent que c'est faux. Différentes expériences indiquent que certains invertébrés, par exemple les poulpes, sont aptes à trouver des solutions à des problèmes complexes. Le test du miroir a été réussi par les pies alors que, comme les céphalopodes, elles n'ont pas de néocortex. Le perroquet Alex était capable d'établir un dialogue avec la psychologue de l'université Harvard Irene Pepperberg, de nommer une cinquantaine d'objets, ainsi que de catégoriser divers éléments à la fois en fonction de leur forme et de leur couleur. Certaines formes de conscience, de nombreux états affectifs, diverses capacités cognitives, de même que la faculté de prendre des décisions, de manifester des intentions ou de mobiliser de l'attention, sont présents chez des espèces parfois très éloignées de l'espèce humaine. Cependant, ce que nous appelons communément « intelligence » sans pouvoir clairement en définir le contenu, reste invisible à nos yeux dès lors qu'elle revêt des formes qui ne ressemblent pas aux nôtres. Se manifestant partout dans le monde, ces formes multiples d'intelligence se déploient de manière singulière en fonction des espèces, des groupes, des êtres et des lieux. Elles s'expriment avec des réussites variées, en des champs

18. Néocortex : couche externe des hémisphères cérébraux, qui fait partie du cortex et est impliquée dans des fonctions cognitives dites « supérieures », notamment la conscience et le langage.

divers et à des degrés différents. Elles sont le produit, sous d'innombrables expressions, de mécanismes évolutionnaires. Utiliser la formule d'« intelligence animale » (au singulier) et la distinguer implicitement de l'« intelligence humaine » n'a donc pas beaucoup de sens, d'autant qu'elle s'applique à des millions d'espèces parmi lesquelles figure l'être humain. Il est donc indispensable de penser ces intelligences de manière beaucoup plus large, dynamique, complexe et interconnectée, que nous ne l'avons généralement fait jusqu'ici.

## Les grands singes sont-ils intelligents ?

Dès l'arrivée des grands singes anthropoïdes[19] en Europe, au XVII^e siècle, le médecin hollandais Nicolaes Tulp (vers 1630) et l'anatomiste anglais Edward Tyson (1698) rapportent des comportements étonnamment similaires à ceux des humains, ainsi que des conduites extrêmement ingénieuses. Sur le plan anatomique, Tyson décrit les nombreux caractères communs entre humains et chimpanzés, lors d'une dissection restée magistrale. Le Hollandais Jacob de Bondt, dit Bontius, observe, quant à lui, des *Homo sylvestris* (en fait des orangs-outans), à

19. Les grands singes dits « supérieurs » comptent six à sept espèces : le chimpanzé, le bonobo, le gorille de l'Ouest, le gorille de l'Est, l'orang-outan de Bornéo, l'orang-outan de Sumatra et l'orang-outan de Tapanuli (cette troisième espèce d'orang-outan, récemment découverte à Sumatra, n'est pas encore officiellement reconnue comme espèce à part entière). Les trois espèces d'orangs-outans sont asiatiques, les quatre autres espèces sont africaines. Ce sont les chimpanzés qui furent les plus importés en Europe et aux États-Unis.

Sumatra au milieu du XVIIe siècle. Il raconte qu'une femelle de cette espèce a adopté des habitudes humaines. Les savants mettront, toutefois, plusieurs siècles à qualifier ces conduites d'« intelligentes ». Jusqu'au XXe siècle, il est en effet impensable d'attribuer des qualités intellectuelles aux animaux, fussent-ils inscrits dans le même ordre que celui des humains, les primates. Longtemps envisagée comme d'emblée rattachée à l'esprit et à l'âme, l'intelligence est considérée comme l'apanage de l'être humain, lui-même supposé créé à l'image de Dieu. Les naturalistes déclarent donc que les ressemblances entre hommes et grands singes sont purement physiques et anatomiques. Les simiens ne peuvent, dès lors, prétendre aux plus hautes vertus. L'intelligence, l'esprit d'invention, la faculté d'apprendre, l'aptitude à résoudre des problèmes, le sens artistique, la perfectibilité sont réservés aux humains. Les savants estiment néanmoins qu'ils sont dotés d'un instinct, tout comme ils leur accordent certaines capacités, nécessaires pour satisfaire leurs besoins physiques. Le singe n'est qu'un pâle imitateur de l'homme, un usurpateur, ce qui lui avait d'ailleurs valu d'incarner la figure du diable pendant une bonne partie du Moyen Âge, le diable étant la figure même de l'imposture.

Au cours du XIXe siècle, les psychologues entament des recherches sur l'intelligence des primates. Le fait que Charles Darwin déclare une continuité entre certaines capacités cognitives humaines et celles de différents animaux influencera grandement ce champ d'études. Au zoo de Londres, Darwin teste notamment la faculté de deux orangs-outans à se reconnaître dans un miroir. George Romanes, ami et collègue de Darwin, s'intéresse lui aussi à la « vie mentale » des animaux. Il organise notamment des expériences sur les aptitudes mathématiques de la femelle chimpanzé Sally. Il lui apprend à compter, c'est-à-dire, dans ce cas, à associer un mot avec une quantité précise. La femelle réussit à apporter le nombre de brins de paille réclamé, à condition que Romanes ne dépasse pas le chiffre de cinq. Astucieuse, Sally divise éventuellement un brin en deux parties lorsqu'il lui en manque un. Bien que critiqué par les tenants d'une science d'inspiration positiviste, Romanes popularise les études sur l'« intelligence animale ». Au début du XX^e^ siècle, trois figures majeures ouvrent le champ des recherches spécifiquement dédiées aux primates en Europe, en Russie et aux États-Unis : l'Allemand Wolfgang Köhler, la Russe Nadia Kohts et l'Américain Robert Mearns Yerkes, avant même que la primatologie ne se constitue comme discipline à part entière en 1941[20].

Dans leur sillage, les observations en psychologie comparée et en psychobiologie puis, plus tard, les expérimentations en éthologie cognitive menées sur bonobos, chimpanzés, gorilles et orangs-outans s'accumulent. À partir de 1960, elles sont complétées par les études de terrain à long terme. L'ensemble des données collectées en ces différents champs de recherche permet de remettre en cause différentes idées fortement ancrées dans les esprits, notamment la certitude que les similitudes entre humains et grands singes sont purement physiques, physiologiques, anatomiques et, éventuellement,

20. Ruch, Theodore C. *Bibliographia Primatologica : A Classified Bibliography of Primates Other Than Man, Part I*, Springfield, IL/Baltimore, MD, Charles C. Thomas XI-XIII, 1941.

comportementales. Plusieurs scientifiques déclarent en effet que certaines facultés longtemps pensées comme des propres de l'homme sont partagées par nos plus proches cousins. Ils montrent, par exemple, que les chimpanzés et les orangs-outans sont non seulement capables d'utiliser des outils et divers instruments (notamment destinés à améliorer leur confort), mais aussi de les fabriquer, de les transporter et de les conserver pour une utilisation ultérieure. Des éthologues décrivent également leurs capacités à résoudre des problèmes complexes, le fait qu'ils possèdent une théorie de l'esprit[21], leur aptitude à apprendre certains linéaments de langage humain, leur ingéniosité, leur faculté à se reconnaître dans un miroir, leur sens artistique et leur créativité. Les primatologues dévoilent différentes autres dimensions des communautés de grands singes : la complexité de leurs organisations sociales, leurs stratégies « politiques », leur disposition à l'empathie, l'adoption éventuelle de petits orphelins de leur espèce, une transmission intergénérationnelle de savoirs, des variations culturelles d'un groupe à l'autre, ainsi que la présence éventuelle de traditions et de rituels. Enfin, les neuroscientifiques mettent en évidence une certaine proximité entre les capacités cognitives des grands singes et des humains, notamment grâce aux progrès de l'imagerie médicale. Ils confirment, de la sorte, la présence d'une spécialisation hémisphérique, d'aires de Broca et de

21. La théorie de l'esprit décrit l'aptitude des individus à reconnaître et à interpréter des états mentaux (pensées, intentions, projets, croyances), des sentiments et des désirs, en eux-mêmes et chez les autres, ainsi que leur capacité à tenir compte de ce qu'ils ont compris, par ce biais, pour régler leurs actions.

Wernicke, ainsi que des aptitudes computationnelles chez nos cousins phylogénétiques.

## Intelligence, adaptation et flexibilité comportementale : Meshie, Gua, Viki, Pépée et Lucy

Les avancées scientifiques dans le domaine de la cognition animale, complétées par les études de terrain menées de manière systématique auprès de plusieurs communautés de grands singes et sur plusieurs générations, ont permis l'émergence de nouvelles manières de penser l'idée d'intelligence. Un des meilleurs spécialistes de l'évolution des comportements cognitifs et sociaux chez les primates, le psychologue britannique Richard W. Byrne, définit l'intelligence comme *la capacité à répondre de manière souple à des situations nouvelles ou complexes, à apprendre et à innover*[22]. Cette définition donne une place centrale à l'adaptation, au sens de la capacité des êtres vivants à apporter une réponse adéquate aux situations nouvelles et à résoudre les challenges auxquels ils sont confrontés, y compris les plus complexes. Elle prend également en compte l'aptitude de certaines espèces à accéder à divers apprentissages, à inventer des solutions innovantes et à les transmettre. Les compétences acquises et les stratégies mises en place renforcent les chances de survie des individus, de même que

22. *Intelligence is the ability to respond flexibly to new or complex situations, to learn and to innovate.* Richard William Byrne (*The Thinking Ape : Evolutionary Origins of Intelligence*, Oxford, UK, Oxford University Press, 1995).

leurs possibilités de se reproduire. La formule adverbiale *de manière souple* est elle aussi importante, car elle fait entrer la flexibilité (notamment la flexibilité comportementale) dans la définition de l'intelligence.

Afin d'illustrer cette définition, je vais faire appel à cinq exemples tirés de l'histoire de la primatologie. Tous décrivent l'histoire de grands singes placés dans des milieux radicalement différents de leurs forêts d'origine, et ainsi mis à l'épreuve : pourront-ils s'adapter ? Au cours du XXe siècle, des gorilles, des orangs-outans, des bonobos et des chimpanzés ont en effet été accueillis dans des familles humaines, afin de tester l'effet de cet environnement sur leur développement précoce, de mesurer leur intelligence ou de leur apprendre différentes formes symboliques de langage. Parmi ces singes, j'ai choisi cinq femelles chimpanzés élevées par des parents d'adoption humains entre 1930 et 1977. Quatre vécurent aux États-Unis, une seule résida en France. Elles n'étaient âgées que de quelques jours à quelques mois lors de leur intégration dans les familles. L'une d'entre elles apprit le langage des signes (*American Sign Language*[23]). Toutes connurent des destins à la fois fascinants et dramatiques...

---

23. À partir des années 1960, des chercheurs américains ont tenté d'enseigner le langage symbolique humain aux grands singes. Ils ont pensé, à juste titre, que le fait d'intégrer les primates dans un cadre socioculturel humain leur permettrait d'acquérir des linéaments de langage plus facilement. Dans le cadre de ces programmes, différentes méthodes d'apprentissage ont été tentées : langage des signes, tableaux d'icônes, éléments en plastique figurant les mots.

## Meshie Mungkut (1929-1937), un chimpanzé à New York[24]

Assistant curateur et taxidermiste à l'American Museum of Natural History de New York, Henry Cushier Raven est un des collecteurs[25] les plus importants de la première moitié du XX^e^ siècle. Il mène des expéditions scientifiques partout dans le monde. En mai 1929, il se rend en Afrique de l'Ouest sous l'égide de la Columbia University et de l'American Museum of Natural History de New York, afin de collecter un spécimen de gorille adulte et divers primates africains. Tandis que ses compagnons d'aventure repartent aux États-Unis, il est contraint de rester au Cameroun, car il est gravement malade. En février 1930, des villageois lui proposent un jeune chimpanzé. Raven tend les bras vers elle. La petite orpheline se précipite et s'agrippe à lui. Après quelques négociations, il achète le bébé singe. Pendant l'année où il réside dans un camp situé à quelques kilomètres de Djaposten afin de se soigner, il partage son quotidien avec la jeune femelle, joue avec elle, l'habitue à vivre selon des modalités humaines, lui apprenant, par exemple, à manger avec des couverts. Raven la décrit comme son « petit animal de compagnie ». Leurs liens se resserrent encore lors de la traversée de

24. Je tiens à exprimer mes chaleureux remerciements à mon ami Henry Mercelis Raven, fils de Henry Cushier Raven, pour toutes les informations qu'il a généreusement partagées avec moi à propos de son père.

25. Dans le cadre de la constitution des collections d'histoire naturelle en Occident, des chasseurs, des savants et des taxidermistes furent envoyés sur le terrain afin de collecter des spécimens végétaux et animaux pour les muséums.

retour vers l'Amérique, d'environ six semaines. De plus, Meshie tombe malade pendant le voyage. Henry lui prodigue lui-même tous les soins nécessaires. Leur relation s'en est sans doute trouvé renforcée. Ils arrivent tous deux à Boston au milieu du mois de février 1931.

Installée dans la maison de la famille Raven à Long Island, Meshie accompagne parfois son père d'adoption au muséum d'Histoire naturelle de New York. Elle se promène en voiture à pédales dans les longs couloirs de la vénérable institution et mange à la table des curateurs, sur une chaise haute, dans le restaurant destiné au personnel. Elle a d'excellentes manières de table : elle sait comment se servir de ses couverts et utilise une serviette. Elle adore manger de la glace et a du mal à contenir son excitation quand la serveuse lui apporte son dessert préféré. Le jeune primate est également la vedette, avec Raven, d'une série de conférences données dans différentes villes américaines. Elle assiste, de surcroît, à plusieurs dîners de gala, notamment au Waldorf-Astoria. Elle est encore jeune, malléable et se tient parfaitement, restant tranquillement assise, même au moment des discours. Considérée comme le « chimpanzé domestiqué » de Raven, Meshie devient une véritable célébrité.

Parmi les cinq femelles dont il sera question dans ce chapitre, Meshie est la seule qui soit née en Afrique. C'est à travers divers articles, quelques clichés et un documentaire que l'on apprend ce que fut sa vie quotidienne à Baldwin. Raven est photographe, il réalise lui-même des tirages de ses images et les utilise pour illustrer ses articles. Il tourne également des films. Le spectateur découvre, de la sorte,

Meshie à la tête d'une parade cycliste à laquelle plusieurs enfants du voisinage participent. Le jeune primate vérifie, par-dessus son épaule, que tous la suivent à bonne distance. Le documentaire la montre, par ailleurs, dans le lit d'Henry et Yvonne, entourée des enfants Raven, Jane et Harry[26] Jr. On les retrouve ensuite tous les trois attablés dans le jardin, en train de boire du jus de fruit. Pendant l'hiver, Meshie, habillée d'un chandail et plantée sur ses deux jambes, tire un traîneau où est assis le jeune Harry, âgé d'environ cinq ans. Raven la filme également pendant qu'elle utilise différents outils ou qu'elle se baigne dans le petit bassin en ciment du jardin. Dans une autre séquence, on la découvre en train de laver la vaisselle sans la casser. Enfin, lorsque que le couple a un troisième enfant, du nom de Mary, Meshie la berce dans ses bras, puis lui donne une panade à la petite cuillère.

Ces différentes scènes montrent combien le chimpanzé a du talent pour imiter ceux qui l'entourent. Lors des conférences, elle démontre pendant plus d'une heure la facilité avec laquelle elle arrive à s'approprier divers comportements humains. Elle répond parfaitement à ce qu'on attend d'elle. Pourtant, Meshie n'a pas bénéficié d'une véritable vie de famille, contrairement à ce que les articles, films, photos, conférences et dîners de gala semblent affirmer. Derrière l'apparence se cache une tout autre réalité : Meshie ne sort en fait de sa cage que lorsque Henry Raven est à la maison. Le reste du temps, elle occupe un enclos, spécialement aménagé pour elle dans la cave. Lors de la

26. Le père (Henry Cushier Raven) et le fils (Henry Mercelis Raven) portent le même prénom (Henry) et le même surnom (Harry). Seuls leurs *middle names* sont différents.

belle saison, elle vit dans une cage extérieure située à côté du garage. En grandissant, elle devient extrêmement forte. Elle passe donc encore davantage de temps enfermée dans sa loge. Elle peut en effet se montrer très dangereuse. Il lui est arrivé de mordre son père de substitution, ainsi que son fils, Harry. Comme elle a tenté de s'échapper à plusieurs reprises, les Raven craignent une catastrophe. En 1934, Henry doit repartir en mission à Burma (actuelle Birmanie), pour l'American Museum. Son épouse, Yvonne, déjà en charge de trois jeunes enfants, refuse de s'occuper de Meshie en l'absence de son époux. Elle craint, en effet, de ne pouvoir s'en faire obéir. La mort dans l'âme, Raven lui trouve une place au zoo de Brookfield, à Chicago. Le chimpanzé quitte la famille en décembre 1934. Quelques années plus tard, en août 1937, Meshie meurt en raison de complications survenues après la naissance de sa fille, le 26 juin de la même année. Prise en charge par les soigneurs et nourrie de lait en poudre, Eve lui survivra. Aujourd'hui, il est encore possible de voir Meshie, mais sous forme de spécimen naturalisé dans le hall des Primates du museum d'Histoire naturelle de New York.

Le fils d'Henry Raven a lui-même précisé à plusieurs reprises que la jeune femelle n'avait jamais été considérée comme un membre de la famille. Elle ne partageait pas le quotidien des Raven, n'a jamais été une compagne de jeu pour lui (excepté lors des tournages) et prenait beaucoup trop de place auprès de son père, très exigeant, extrêmement dur avec ses enfants et, de plus, souvent absent en raison des nombreuses expéditions auxquelles il participait. Bien que son portrait photographique trônât pendant longtemps dans la salle à manger familiale, Meshie fut avant tout « l'animal de compagnie » de Raven. Ce cas montre que malgré sa mise à l'écart, Meshie avait développé une manière-d'être-au-monde, un *ethos*, des savoir-faire fortement influencés par son intégration dans des univers humains, par l'attachement qui la liait à Henry Raven depuis le plus jeune âge, ainsi que par les expériences précoces vécues avec lui. Ce partage d'existences se prolongea avec celui qui était devenu pour elle un père de substitution au Cameroun, pendant les moments passés avec lui à Baldwin ou à l'American Museum, les dîners de gala et les conférences où Meshie était mise en vedette. Malgré sa condition de recluse, elle a donc continué à imiter les humains et à développer différentes compétences apprises en les observant.

## Gua (1930-1933), singe de laboratoire en famille

Gua naît à La Havane (Cuba), le 15 novembre 1930, dans la plus grande colonie de primates du début du XXe siècle, celle de Rosalia Abreu. Après la mort de cette dernière, elle est transférée le 13 mai 1931 avec ses parents, Pati et Jack, dans le laboratoire qui vient d'être fondé par Robert Yerkes (Yale University) à Orange Park, en Floride. On la sépare de sa mère le 26 juin 1931. Elle est accueillie par le psychologue Winthrop Kellogg et son épouse, Luella Dorothy Agger. Le couple élève Gua (alors âgée de sept mois et demi) et leur fils unique, Donald (dix mois[27]), comme des

27. Donald Agger Kellog est né le 31 août 1930.

frères et sœurs. Il s'agit de la première étude scientifique de psychologie comparée entre humain et chimpanzé, basée sur un véritable *cross-fostering* (ou *cross-nurturing*[28]) et menée par un *collaborative couple* ou *creative couple*[29].

L'une des motivations de Winthrop Kellogg est d'étudier le phénomène des « enfants sauvages » en en inversant le processus[30]. Plutôt que de faire adopter des enfants humains par des animaux (ce qui poserait évidemment d'importants problèmes éthiques), il propose de faire élever des bébés singes par des parents de substitution humains. À travers cette expérimentation, il veut comprendre l'influence de l'environnement, ainsi que le poids des expériences précoces sur le développement des jeunes primates. On habille donc Gua comme un bébé humain, souvent avec les mêmes vêtements que son frère adoptif, ce qui facilite certainement un processus de projection-identification entre eux. Assise sur sa chaise haute, elle mange avec

28. Expression qu'on pourrait traduire par « adoption croisée », à savoir l'adoption d'un petit d'une espèce (par exemple un chimpanzé) par des parents de substitution d'une autre espèce (par exemple des humains).

29. C'est-à-dire un couple qui travaille sur un projet de recherche commun, sur le terrain ou en laboratoire. La philosophe américaine Donna Haraway relève le fait qu'en primatologie, le nombre de *collaborative couples* est impressionnant. Au sein de ces couples, les contributions des femmes sont fréquemment minimisées (cela d'autant plus qu'elles ne sont pas toujours elles-mêmes des scientifiques), les publications liées à ces travaux étant souvent signées par leurs compagnons qui, de plus, dirigent les études et perçoivent les financements.

30. Voir à ce sujet, ainsi qu'à propos des réserves à soulever en ce qui concerne les différents cas d'enfants sauvages, l'ouvrage fondamental de Lucienne Strivay : *Enfants sauvages. Approches anthropologiques*, Paris, Gallimard, Bibliothèque des Sciences humaines, 2006.

une cuillère et boit au verre. Elle possède des jouets, par exemple des cubes à empiler, et partage de nombreux jeux avec Donald. Très rapidement, les Kellogg organisent différentes épreuves afin d'enregistrer les effets de ce dispositif sur les compétences de Donald et de Gua. Ils testent et comparent leur mémoire, leur force, leur dextérité, leurs réactions en différentes circonstances, leurs capacités manipulatoires fines (notamment à travers le dessin). Ils étudient également leurs vocalisations. Sans tenir compte du fait que Gua ne bénéficie pas de la présence de sa mère biologique, ni ne vit dans un groupe social constitué par des membres de sa propre espèce, ils estiment que les deux jeunes primates sont placés dans les mêmes conditions.

À son arrivée dans la famille Kellogg, Gua se déplace à quatre pattes. Encouragée par ses parents adoptifs, elle apprend à se déplacer en bipédie. Des films la montrent, main dans la main avec Donald. Les deux enfants ont noué des liens très forts. On les voit souvent enlacés, en train de se serrer dans les bras. Il faut savoir, par ailleurs, que le développement des petits singes est beaucoup plus rapide que celui des bébés humains, pendant les premiers mois de leur existence[31]. Gua apprend de la sorte assez rapidement à adopter les comportements de ceux qui l'entourent. Donald est plus lent. Il accuse, de plus, des retards dans l'acquisition du langage et adopte les cris de sa « sœur chimpanzé » comme mode de communication

31. Cependant le rythme d'apprentissage des petits singes ralentit ensuite, tandis que celui des humains s'accélère, notamment renforcé par la puissance du langage, ainsi que par différentes modalités de transmission de savoir et de savoir-faire, très efficaces et spécifiques aux cultures humaines.

privilégié. C'est l'une des raisons invoquées pour justifier l'arrêt de l'expérience après neuf mois seulement. Gua retourne à l'Anthropoid Experiment Station de l'université de Yale, le 28 mars 1932. Les deux enfants ont sans doute été traumatisés par cette séparation. C'est l'épouse de Robert Yerkes, Ada, qui prend soin de Gua à son arrivée au laboratoire. De leur côté, les Kellogg publient le récit de cette expérience de cohabitation inédite entre humains et chimpanzé, dans un ouvrage intitulé *The Ape and the Child*, en 1933. Gua meurt d'une pneumonie à la fin de la même année, le 21 décembre. Elle est à peine âgée de trois ans. Les Kellogg rentrent alors en Indiana. Leur fille, Shirley Mae, naît peu après la fin de l'expérience. Donald Winthrop se suicide en 1972.

## Viki (1947-1954), adoptions interspécifiques

Viki entre dans le foyer de deux psychologues, Keith J. Hayes et Katherine Hinickle Hayes, le 1er septembre 1947. Son nom est inspiré de la contraction des prénoms de ses parents : Vera et Bokar[32], deux chimpanzés venus de l'Institut Pasteur de Kindia (dit « Pastoria »), en Guinée française. Ils avaient été offerts à Robert Yerkes, puis rapportés aux États-Unis en juin 1930 par un de ses collaborateurs, Henry Nissen[33], de même que quatorze autres

32. Bokar fut le géniteur de quarante petits. Il est mort en 1960.
33. Henry Nissen compte parmi les premiers Américains à avoir mené des recherches systématiques de terrain sur le comportement des chimpanzés. Il passa deux mois dans les forêts des alentours de

chimpanzés. Née dans le Yerkes Laboratories of Primate Biology[34], à Orange Park, en Floride, Viki est âgée de trois jours quand elle arrive chez les Hayes qui travaillent tous deux dans le laboratoire de Yerkes. Eux-mêmes sans enfant, ils prendront soin de Viki pendant sept ans, comme s'il s'agissait de leur propre fille. Précisons que la ressemblance entre un nouveau-né chimpanzé et un nouveau-né humain est fascinante : grands yeux quêtant le regard de la mère de substitution, pauses respiratoires quand le petit boit son biberon, chaleur des corps serrés l'un contre l'autre, petits doigts qui s'agrippent.

Viki est maternée par Cathy Hayes. Elle prend son bain tous les jours, elle est peignée et habillée. Elle apprend peu à peu à manger avec une cuillère, assise sur une chaise haute. Dès l'âge de six mois, Viki commence à mimer ses parents adoptifs, souvent pendant des phases de jeu. Elle possède sa propre chambre, des jouets et un bac à sable. Plus tard, elle porte des robes, se coiffe et s'habille sans aide. Elle va toute seule sur son petit pot. Comme la plupart des grands singes intégrés dans des familles humaines, elle a en effet appris à être propre[35]. À seize mois, elle imite les gestes de Cathy, ainsi que ceux de la routine quotidienne. Elle arrive, par exemple, à verser du café dans une tasse

---

Kindia afin de collecter des données et d'étudier les conditions de faisabilité pour ce type de recherche.

34. Le même laboratoire que celui auquel était rattaché Winthrop Kellogg lorsqu'il s'occupa de Gua, mais baptisé d'un autre nom en hommage à Robert Yerkes, son fondateur, après qu'il a pris sa retraite, en 1941.

35. Ayant l'habitude d'être habillés, les singes intégrés dans les familles peuvent même montrer de la pudeur quand on enlève certains de leurs vêtements, lors de l'apprentissage de la propreté.

sans en renverser, se lime les ongles ou se met du rouge à lèvre. Elle aide Cathy à faire la vaisselle, le ménage et la lessive. Elle est, de plus, fascinée par le feu. Elle n'a pas peur de manipuler des bougies ou d'utiliser un briquet.

Dans le sillage des expérimentations menées avec Gua, les Hayes organisent différents tests afin d'évaluer l'intelligence de Viki. Ils s'inspirent, de surcroît, de recherches sur l'utilisation d'outils, conduites aux îles Canaries de 1913 à 1918 par le psychologue gestaltiste Wolfgang Köhler. Lors d'une expérimentation, Keith et Cathy demandent à Viki de s'emparer de fruits placés hors de sa portée. La solution consiste, dans un cas, à emboîter des bâtons l'un dans l'autre ; dans l'autre, à empiler des caisses et, dans un troisième, à utiliser une perche afin de pouvoir atteindre la récompense. Ils lui fournissent également des outils. Elle parvient à utiliser un tournevis, de même qu'un marteau avec lequel elle arrive à enfoncer des clous dans une caisse en bois. Elle a d'autant plus de mérite que l'ergonomie de ces outils n'est pas adaptée aux grands singes (notamment à cause de la rigidité de leur poignet). Viki est également capable d'enfiler des perles sur un fil. Elle sait coudre, ayant d'abord appris avec une aiguille de grande taille, puis avec une plus fine. De plus, comme toutes les couturières expérimentées, elle mouille le fil avant de l'enfiler dans l'aiguille. Par ailleurs, la jeune femelle a l'habitude de se servir d'un miroir, notamment lorsqu'elle se nettoie le visage. Il est clair qu'elle se reconnaît et qu'elle comprend qu'elle est en face de son reflet.

Cathy et Keith se donnent également pour objectif d'apprendre à parler à Viki. Ils ne savent pas que les grands singes sont incapables d'articuler des sons de manière suffisamment précise en raison de leur anatomie. Leur larynx n'est en effet pas positionné comme le nôtre. La partie pharyngée de la langue, la langue elle-même et les lèvres ne permettent pas une articulation suffisamment subtile. C'est seulement au cours de leurs recherches que les Hayes se rendront compte de cette impossibilité. À la fin de l'expérience, Viki ne parvient à dire que quatre mots : « Mama », « papa », « cup » et « up ». Pourtant, elle indique elle-même à ses parents adoptifs la méthode qui lui permettrait de s'exprimer : elle désigne ce qu'elle aimerait obtenir par le biais d'illustrations. Elle montre, par exemple, l'image d'une boisson gazeuse dans un magazine, quand elle veut boire un soda. Elle utilise aussi des cartes illustrées pour faire comprendre ce qu'elle désire. Elle fait donc preuve d'une grande sagacité.

En fait, ces cartes sont utilisées lors de différents tests, notamment de discrimination. Un de ces tests consiste à classer des illustrations en fonction du sujet représenté : humain ou animal, par exemple. Au cours d'une expérimentation, elle découvre une carte où figure un chimpanzé. En fait, il s'agit de son père biologique, le chimpanzé Bokar, qu'elle ne connaît évidemment pas, puisqu'elle a été enlevée à ses parents dès le plus jeune âge. Elle place la photo sur la pile des cartes d'animaux. Cependant, quand elle arrive à son propre portrait, elle le pose sans hésiter sur la pile des photos d'humains, en compagnie de Roosevelt et Eisenhower. Elle a donc non seulement été capable de se reconnaître, mais de plus, elle s'est placée elle-même parmi les êtres humains. N'ayant jamais connu que le monde des humains, elle semble s'identifier à ceux qui prennent soin d'elle. Lorsque je lui ai raconté cette histoire, Françoise

Héritier m'a fait remarquer que dans ce cas précis, c'étaient les singes eux-mêmes qui déplaçaient la frontière. Cathy Hayes consacra un livre à Viki, *The Ape in Our House*. Son récit s'arrête malheureusement lorsque la petite est âgée de trois ans. En mai 1954, Viki meurt d'une encéphalite, juste avant son septième anniversaire. Cathy n'a jamais terminé le second ouvrage (*The Ape of Our Past*) qu'elle avait projeté d'écrire à propos de sa fille chimpanzé.

## Pépée Ferré (1960-1968), primate anarchiste[36]

Parmi les cinq jeunes femelles présentes dans ce chapitre, le seul chimpanzé qui ait vécu en Europe, et plus précisément en France, fut Pépée. Tous les autres ont été élevés aux États-Unis. L'histoire de Pépée commence avec une rencontre, celle de Léo Ferré et de Madeleine Rabereau le 6 janvier 1950 dans un bistrot de nuit, le Bar Bac[37]. Madeleine est mère d'une petite fille, née d'un premier mariage avec René Bizy. Annie est alors âgée de cinq ans. Ils vivent tous

36. Cette partie doit beaucoup à Annie Butor, fille de Madeleine Rabereau et belle-fille de Léo Ferré. Je tiens à la remercier chaleureusement pour les précieuses informations qu'elle m'a transmises lors de différentes rencontres. J'ai également consulté le livre qu'elle a consacré au couple formé par Léo Ferré et sa mère, ainsi que celui écrit par Madeleine Rabereau elle-même. Voir Annie Butor, *Comment voulez-vous que j'oublie... Madeleine et Léo Ferré. 1950-1973*, Paris, Phébus, 2013 et Madeleine Rabereau, *Les Mémoires d'un magnétophone*, Saint-Clair, Les Éditions de Perdrigal, 1967.

37. Ce café mythique de la rue du Bac, dans le VII$^{e}$ arrondissement, était alors fréquenté par de nombreux artistes et intellectuels.

les trois dans un petit appartement du boulevard Pershing, près la place de la Porte-Maillot à Paris. Le couple s'unit officiellement en 1952. En mars 1961, Ferré se produit dans un célèbre music-hall parisien, l'Alhambra[38]. Léo et Madeleine y rencontrent la Gin's Family, un dresseur et sa famille de chimpanzés savants (appelée « The Marquis »), probablement des singes habillés qui imitent différents comportements humains. L'un d'entre eux, la petite Gloria, âgée d'environ six mois, est malade. Elle se réfugie souvent dans la loge des Ferré. Madeleine s'en occupe. Annie et Léo sont émus de la voir dormir, les poings fermés, dans le petit lit qu'ils lui ont aménagé. Partant pour l'Angleterre, Gin ne sait quoi faire de Gloria, toujours souffrante. De plus, lorsqu'il tente de la reprendre, le bébé chimpanzé s'agrippe désespérément à Madeleine. Les Ferré décident de l'adopter. Gin accepte de leur laisser la jeune femelle, mais les met en garde : il leur rappelle qu'il est indispensable d'exercer une certaine autorité sur le jeune primate. Beaucoup plus forts que leurs parents d'adoption dès qu'ils atteignent quatre ou cinq ans, les chimpanzés deviennent incontrôlables s'ils ne sont pas élevés de manière appropriée.

Léo s'inspire de la date de naissance de Madeleine pour fixer la date d'anniversaire officielle de leur bébé primate, le 19 septembre 1960. Ils lui attribuent le nom de Pépée. Attendrie par le petit singe, Annie les aide à changer les couches et à donner le bain. Moins enthousiaste que Madeleine au début, Ferré est vite conquis. Il se réjouit de vivre une aventure passionnante : éduquer un chimpanzé. Lecteur de Darwin, il estime d'ailleurs que Pépée est bien

38. À l'époque rebaptisé Alhambra-Maurice-Chevalier, et situé rue de Malte, près de la place de la République à Paris (XIe arrondissement).

plus intéressante qu'un enfant humain. Madeleine et Léo veulent en effet être les premiers à participer à une expérience exceptionnelle, celle d'élever un singe vers l'humanité. Ils espèrent mieux faire que les scientifiques, en lui apprenant notamment à parler. Ils la traitent comme un enfant humain, l'habillent, la promènent dans un landau, lui offrent de nombreux jouets. Pépée dispose également de deux tricycles, d'un tracteur et d'une voiture à pédales, ainsi que d'un portique de jeux avec une balançoire. Au moment du coucher, elle revêt un pyjama et boit une tisane de tilleul, entourée par ses parents adoptifs.

En novembre 1961, Léo est devenu une grande figure de la chanson française. Pépée vit avec eux depuis huit mois. Elle est en quelque sorte l'enfant que le couple n'a jamais eu. Léo et Madeleine demandent d'ailleurs à Annie de considérer Pépée comme une sœur et lui recommandent de l'appeler *Seu-sœur*. Ils exigent que cette « deuxième fille » soit traitée comme un enfant par leurs proches, et non comme un singe. Ils précisent qu'ils ne « dressent » pas Pépée, ils l'élèvent. Quand elle tousse, ils appellent le médecin, et non le vétérinaire. Plus tard, elle boira et fumera (comme Léo et Madeleine), allumant ses cigarettes avec des allumettes qu'elle a elle-même enflammées. Lors des premiers récitals de Ferré à l'ABC[39] de décembre 1962 à janvier 1963, Léo et Madeleine avaient même fait symboliquement entrer Pépée dans leur vie publique, en lui donnant à signer les cartons d'invitations destinés à leurs invités les plus célèbres.

---

39. Situé boulevard Poissonnière (IIe arrondissement), ce musical-hall fut un des plus renommés de Paris. Ouvert en 1935, il ferma ses portes en 1964.

Acquis aux idées anarchistes, Léo et Madeleine ne veulent imposer aucune contrainte à leur fille chimpanzé. Elle comprend donc très rapidement qu'elle peut tout se permettre sans risquer la moindre sanction sérieuse. Pépée prend peu à peu le pouvoir, casse de nombreux objets, déshabille les invités (par exemple le préfet du Lot et son épouse, lors d'un dîner au château), grimpe sur les toits, arrache les gouttières et jette des tuiles sur les visiteurs. À table, elle dirige les repas, distribue les portions, se glisse sous la table pour mordre les mollets des convives. Les hôtes n'osent rien dire et se plient à sa volonté sous le regard bienveillant de Léo et Madeleine. Pépée impose peu à peu tous ses caprices et devient incontrôlable. Elle se comporte également en véritable tyran vis-à-vis des animaux de la maison.

Les problèmes générés par Pépée obligent Léo et Madeleine à multiplier les aménagements et les déménagements. Lorsqu'ils vivent encore à Paris, ils se rendent régulièrement à Nonancourt (localisé à plus d'une heure de Paris, dans l'Eure), afin d'offrir davantage de liberté à leur « fille ». Amoureux de la Bretagne, ils passent également du temps au fort de l'île du Guesclin (acheté en 1959), entre la ville de Saint-Malo et le mont Saint-Michel. Les vacanciers ont cependant la possibilité de se rendre sur les plages de l'île, très proche de la côte. Pépée rentre régulièrement avec des serviettes, des crèmes solaires, des seaux, des pelles ou d'autres accessoires. Elle menace les touristes. En 1964, les Ferré décident d'acheter le château de Pech Rigal, dans la commune de Saint-Clair. Ils le rebaptisent du nom de Perdrigal. Occupant plusieurs dizaines d'hectares, leur domaine est perdu dans la campagne boisée du Lot. Il est extrêmement isolé. Madeleine, Léo et Pépée forment alors un trio fusionnel : « Le personnage le plus important de leur étrange vie restait avant tout Pépée[40]. » Trônant au centre de cet attelage insolite, le jeune singe partage tout avec le couple : lieux, quotidien, jeux, promenades, repas, médecine, habitudes, vie sociale... Outre le fait que Léo et Madeleine la considèrent comme leur seconde fille, elle constitue un symbole de leur liberté et de leur singularité, et incarne à leurs yeux l'innocence, emblème des faibles, des soumis, des « petits » qu'il faut défendre à tout prix.

Cependant, l'éducation aux accents anarchistes de Léo et Madeleine a des effets désastreux. Pépée a grandi, elle mesure un mètre vingt. Elle est devenue beaucoup plus forte que tous ceux qui l'entourent et se montre souvent dangereuse. Elle est capable de mordre jusqu'au sang, de brutalement tirer les cheveux, de se laisser lourdement tomber sur les gens. Il lui est arrivé de s'emparer d'un bébé et de l'emporter sur les toits. Cette « escapade » aurait pu se terminer de manière dramatique, mais ce ne fut heureusement pas le cas. Il serait néanmoins injuste de n'évoquer que les côtés négatifs du chimpanzé. Annie Butor m'a ainsi rapporté une anecdote très impressionnante à propos de Pépée. Lors d'un dîner chez les Ferré, la jeune femelle sert des boissons aux invités. Elle s'approche du pianiste de Léo, Paul Castanier[41], et lui tend un verre de vin. Elle constate qu'il n'a aucune réaction. En effet, Castanier, dit « Popaul », est aveugle. Intriguée, Pépée passe la main devant son visage et semble s'apercevoir qu'il ne voit pas. Elle approche alors le verre de sa bouche et l'aide à boire. Cette intelligence et

40. A. Butor, *op. cit.*, p. 153.

41. Paul Castanier (1935-1991) rencontre Léo Ferré en 1957 à Montmartre. Il fut son accompagnateur jusqu'en 1973.

cette capacité d'empathie faisaient la fierté de ses parents adoptifs. De plus, Pépée parvenait à se faire comprendre par des mimiques (souvent très attendrissantes) ou par le biais de cris divers. Annie, Léo et Madeleine avaient assimilé cette forme de langage, ils parvenaient à échanger avec elle. De son côté, Pépée écoutait très attentivement ce qu'on lui disait. Elle savait, en outre, à qui s'adresser selon ce qu'elle désirait. Elle était capable d'apprécier les gens, d'évaluer les situations et de s'y adapter en fonction de ses propres « analyses ». Annie la décrit comme une remarquable comédienne, ainsi qu'une grande manipulatrice. Pépée était capable de « faire semblant » et pouvait jouer différents rôles. Pour Annie, il est clair qu'elle « raisonnait » : elle n'était pas « maline comme un singe » mais « maline comme une humaine ». Léo estimait qu'elle était dotée d'une véritable « intelligence créatrice ». Il semble qu'elle était également apte à faire la différence entre le bien et le mal.

En 1968, c'est une véritable ménagerie qui vit au château : une quarantaine de moutons, le même nombre de chats, dix chiens, sept vaches, une chèvre, un poney, un taureau, un bouc, un cochon et cinq chimpanzés[42]. Tous les animaux en souffrance étaient les bienvenus à Perdrigal. Une chouette trouva même refuge au château. Profondément dévouée à cette « famille de cœur », Madeleine en était devenue l'esclave, ne s'occupant quasiment plus que de nourrir les bêtes. Épuisée et dépressive, elle s'était peu à peu réfugiée dans l'alcool. L'amour-passion avait quelque peu tourné à la haine-passion. La vie était devenue

42. Outre Pépée, Madeleine et Léo avait alors recueilli quatre autres chimpanzés : la vieille Zaza et trois jeunes primates appelés Bambino, Tata et Titine.

impossible, dans un château de surcroît très inconfortable, dévasté par Pépée et par les animaux qui y résidaient (notamment le cochon Baba, autorisé à y entrer). Fin mars, Ferré doit donner un récital à Elbeuf, en Normandie. Il est prévu que Madeleine l'accompagne, mais après une ultime dispute, il s'en va seul, laissant derrière lui une situation depuis longtemps inextricable. Quelques semaines avant le départ de Léo, qui marque la fin de la relation avec Madeleine, Pépée est de plus malencontreusement tombée d'un arbre sur un pieu, lors d'une sortie dans les bois avec lui, le 18 mars. Il est malaisé de soigner sa blessure à la jambe car elle se débat et mord tous ceux qui tentent de l'approcher. Atteinte de gangrène, elle est euthanasiée le dimanche 7 avril 1968. Madeleine et Léo divorcent en 1973. Le chanteur s'éteint le 14 juillet 1993, suivant de peu Madeleine, décédée quelques mois auparavant.

## Lucy Temerlin (1964-1987), devenir-humain[43] d'un chimpanzé

Née aux États-Unis en 1964, chez Bob et Mae Noell[44], Lucy Temerlin connaîtra un destin exceptionnel. C'est le seul

43. L'expression « devenir-humain », ici appliquée à un chimpanzé, fait écho à la notion de « devenir-animal » forgée par Gilles Deleuze et Félix Guattari, et dans ce cas appliquée aux humains. Voir notamment *Mille Plateaux* (Paris, Éditions de Minuit, 1980) et *Kafka : Pour une littérature mineure* (Paris, Éditions de Minuit, 1975), ainsi que Chris Herzfeld, *The Great Apes : A Short History* (New Haven and London, Yale University Press, 2017, p. 152-153).

44. Installés en Floride, les Noell possèdent alors la plus importante colonie de gorilles et d'orangs-outans au monde. Ils proposent un

des cinq singes ici décrits qui vivra jusqu'à l'adolescence dans la même famille et finira ses jours sur le continent africain. Lucy n'est âgée que de deux jours quand elle arrive dans la famille Temerlin. Maurice est psychothérapeute. Jane est la secrétaire de William Lemmon, fondateur de l'Institute of Primate Studies (université d'Oklahoma, Norman) et initiateur d'un programme d'« adoptions croisées » impliquant des humains et des chimpanzés. Le couple avait déjà accueilli un chimpanzé mâle de trois ans, dénommé Charlie Brown. Tous avaient remarqué qu'il avait une extraordinaire aptitude à imiter les comportements de ses compagnons humains. Il était malheureusement décédé accidentellement à l'âge de quatre ans.

Lucy est élevée avec Steve, le fils des Temerlin (alors âgé d'environ dix ans), devenu comme un frère pour elle. « Elle mangeait avec nous, elle dormait avec nous, elle travaillait avec nous et elle jouait avec nous[45] », écrit Maurice Temerlin dans le livre qu'il lui a consacré[46]. Après avoir passé ses premières nuits dans un berceau, Lucy se glisse tous les soirs dans le lit de ses parents de substitution. Elle possède néanmoins sa propre chambre, ainsi que de nombreux jouets. Dès qu'elle atteint quelques mois, elle mange sur une chaise haute. Pendant la journée, les Temerlin lui proposent des sorties, des activités et des jeux, nombreux et variés. Sa capacité à discriminer différentes

« Gorilla Show » et un spectacle de singes athlétiques qui affrontent des volontaires humains lors de combats de boxe. Il semble que les grands singes aient gagné tous les matchs.

45. Maurice K. Temerlin. *Lucy : Growing Up Human*. Palo Alto, California : Science and Behavior Books, 1975, p. XXI.

46. *Ibid.*

formes est testée dès l'âge de trois mois. La jeune femelle regarde les images de livres pour enfants, dessine, joue avec des poupées. Elle est habituée à prendre son bain, mais contrairement à d'autres grands singes intégrés dans des familles humaines, elle n'apprendra jamais à aller aux toilettes. Elle joue avec le chien de la famille, devenu son animal de compagnie, et s'occupe du chat qu'on lui a offert. Par ailleurs, elle apprend le langage des signes avec Roger Fouts, père adoptif d'un autre chimpanzé nommé Washoe et célèbre en raison de sa capacité à dialoguer par signes. Fouts se rend régulièrement chez les Temerlin afin de donner des leçons de langage signé à Lucy. Au bout de quelques années d'apprentissage, Lucy connaît plus de cent mots. De plus, elle invente certaines formulations quand elle ne sait comment nommer des objets nouveaux. Elle fait les bonnes feuilles de grands magazines (notamment le *New York Times* ou le *Life*) et participe à divers shows télévisés. Elle est parfaitement adaptée à la vie américaine des années 1960 et 1970.

Après plus de douze ans de vie commune, les Temerlin désirent lui donner une chance de retrouver la terre de ses ancêtres. Ils trouvent un sanctuaire africain qui accepte de l'accueillir et l'accompagnent en Gambie, en septembre 1977. Après quelques jours, ils sont contraints de retourner aux États-Unis. Ils avaient toutefois engagé une jeune femme qui s'était occupée de Lucy quand elle était encore en Oklahoma. Janis Carter est chargée de rassurer la femelle chimpanzé pendant les premières semaines de son aventure africaine. Elle va essayer de l'aider à s'adapter à sa nouvelle existence, pendant le temps nécessaire. Carter est de la sorte elle-même obligée d'observer le mode de vie « chimpanzé » auprès de quelques singes expérimentés, afin de le transmettre à son tour à Lucy, ainsi qu'à Marianne, venue elle aussi des États-Unis en même temps que Lucy. Cependant, Lucy ne cesse de réclamer, par signes, tout ce qui a composé son quotidien depuis sa plus tendre enfance : lit douillet, salle de bains, repas à table, sodas, magazines, télévision et gâteaux d'anniversaire. La femelle sombre dans une forme de dépression[47]. Elle s'adaptera néanmoins peu à peu à sa nouvelle vie, mais continuera à refuser de s'accoupler avec ses congénères. Après qu'elle a été attaquée par un jeune mâle appelé Dash, qui lui dispute le rôle de « dominant », Carter doit quitter l'île. Lucy disparaît en septembre 1987, peu de temps après son départ. Les raisons de sa mort restent obscures.

## Adoptions interspécifiques

Au cours du XX^e^ siècle, plusieurs chimpanzés ont été intégrés dans des environnements radicalement différents des forêts tropicales ancestrales dans lesquelles avait évolué leur espèce. Au moment de leur adoption, ils ont, de surcroît, affronté une expérience profondément perturbante, celle vécue par tout bébé mammifère arraché à sa mère. Ils ont donc tous subi le stress de la séparation. Étreints par un besoin primordial d'être protégés

47. En ce qui concerne le phénomène de « dépression » chez les chimpanzés, divers scientifiques ont par exemple montré que certains chimpanzés expérimentaient une forme de « dépression de la quarantaine ».

et soignés, de retrouver un « nid », un lieu où obtenir la chaleur et le soutien nécessaires pour survivre, ils furent d'autant plus enclins à se blottir dans les bras de leurs parents d'adoption et à se glisser dans leur monde, une fois la peur de l'inconnu dépassée. Immergés dès le plus jeune âge dans des familles humaines, ils se sont imprégnés de tout ce qui les entourait, tout en nouant des liens étroits avec les membres de leur famille de substitution. Se familiarisant avec leur environnement, ils ont peu à peu adopté des espaces, des objets, des façons de faire et d'apprendre, des techniques, des manières d'être socialement, des habitudes et des routines spécifiques à leurs compagnons. Ils se sont ainsi peu à peu construit un monde et élaboré une existence selon des modalités humaines.

Plusieurs éléments ont particulièrement compté dans le mouvement de ce « devenir-humain » des chimpanzés. D'une part, le fait que chimpanzés et humains possèdent d'emblée un *monde commun*. Il y a sept ou huit millions d'années, ils partageaient en effet les mêmes ancêtres. De ce long cheminement, ils ont conservé des caractères essentiels et une même ouverture au monde, d'abord en tant que mammifères et animaux placentaires, ensuite en tant que primates et hominidés[48], de même qu'un génome identique à 98 %. Les taxinomistes les ont donc classés dans la même famille que nous (celles des *Hominidae*), la

48. Famille de primates simiiformes formée des genres *Homo* (humains et hominidés anciens du genre *Homo*), *Pan* (chimpanzés et bonobos), *Gorilla* (gorilles de l'Ouest et gorilles de l'Est), et *Pongo* (orangs-outans de Bornéo, Sumatra et Tapanuli), et leurs ancêtres (parmi lesquels les australopithèques).

même sous-famille (*Homininae*) et la même tribu (*Hominini*). Se basant sur l'écart phylogénétique entre humains, chimpanzés et bonobos, ils ont confirmé que ces trois espèces étaient bien les hominidés vivants les plus proches les uns des autres (les autres espèces, les gorilles et les orangs-outans, étant des cousins plus lointains). Soulignons cependant que ces différentes espèces d'hominidés partagent une morphologie, une anatomie, une physiologie, un appareillage sensoriel, certaines compétences cognitives, des aptitudes à gérer des socialités complexes, de nombreuses capacités et diverses dispositions. Leur visage est dépourvu de poils (au moins en partie), leurs expressions faciales étant de la sorte plus faciles à décrypter. Le fait que les hominidés possèdent tous des mains constitue également un élément important. Ces nombreux traits, de même qu'une longue histoire commune, ont progressivement forgé une même ouverture au monde[49]. Ce socle partagé favorise les transmissions de savoirs d'une espèce à l'autre, tout comme il permet un approfondissement des liens et des échanges entre elles.

D'autre part, plusieurs autres traits partagés par l'ensemble des hominidés jouent un rôle essentiel dans le processus d'intégration des jeunes primates dans les dispositifs d'adoptions croisées décrits plus haut. Tout d'abord, le fait que les jeunes hominidés connaissent tous une longue enfance, marquée par une forte dépendance à la mère. Cette association, qui dure plusieurs années, favorise les apprentissages et crée les conditions nécessaires pour que les petits puissent acquérir toute la palette des

49. Je remercie chaleureusement mon amie Anne-Marie Roviello, philosophe, d'avoir attiré mon attention sur ce point.

compétences physiques, cognitives, techniques, sociales et culturelles indispensables pour vivre en communauté dans les forêts tropicales. Appartenant à des espèces dotées de caractères néoténiques[50], les grands singes et les humains font, de surcroît, preuve d'une grande curiosité vis-à-vis de leur environnement et de toute nouveauté, ce qui les incite à explorer, apprendre et innover.

Par ailleurs, tous les hominidés sont éminemment sociaux. Les relations établies entre les jeunes chimpanzés et les membres de leur famille de substitution[51] jouent un rôle fondamental en ce qui concerne leur intégration, leur éducation et leur adaptation. Les humains deviennent pour eux des « leaders charismatiques » que les primates prennent pour modèles, les observant soigneusement afin de pouvoir les imiter ensuite. Ils ne disposent en effet pas d'autres partenaires sociaux, si l'on excepte les éventuels animaux domestiques de la maisonnée. Or on connaît aujourd'hui l'importance de la dimension sociale dans le développement de l'intelligence.

Enfin, les cinq chimpanzés évoqués ont tous été exposés à un stade très précoce de leur développement à ces dispositifs de vie parmi les humains, ce qui a orienté leur ethos de manière décisive. De ces expériences primordiales émerge un noyau dur au sein des individus, forme de permanence dans le temps et socle solide à partir duquel leur

---

50. Néoténique : qui conserve certains traits juvéniles tout au long de l'existence.
51. Que cette famille se compose d'un père et d'une mère de substitution, de parents avec un ou plusieurs enfants, ou qu'elle soit réduite à une seule personne.

être se déploie, fondement à partir duquel s'orienteront et s'institueront leurs futures expériences subjectives ou intersubjectives.

## Conclusions

L'intelligence est souvent présentée comme une notion gravée dans le marbre, comme une notion à jamais fixée dans le ciel des idées thématisé par Platon. Pourtant, elle revêt des formes et des définitions différentes dans le temps et dans l'espace, d'un champ disciplinaire à l'autre, d'un paradigme à l'autre. On l'accorde ou non à différentes espèces en fonction des lieux et des époques. Ce chapitre a débuté avec un commentaire de Leon C. Megginson : *Ce n'est pas l'espèce la plus forte qui survit, ni la plus intelligente, mais celle qui répond le mieux au changement.* Megginson distingue donc l'« intelligence » de la « capacité d'adaptation ». Aujourd'hui, de nombreux scientifiques basent la définition de l'intelligence sur l'aptitude des individus à s'adapter à leur monde. Ils l'envisagent comme une fonction adaptative liée à leur capacité de percevoir de manière subtile, de comprendre et d'évaluer leur environnement, de même qu'à leur aptitude à résoudre les problèmes posés par cet environnement, afin de pouvoir s'y élaborer une existence. Ils utilisent aujourd'hui le terme de « cognition » afin de préciser le type de processus en jeu, en lien avec la notion, plus générale, d'intelligence. Ils définissent la cognition comme l'ensemble des structures et processus mentaux qui permettent à un individu de produire des actions et des comportements appropriés, à partir des informations collectées au sein de son monde physique, social et culturel.

Les réponses apportées aux challenges posés par ce monde, ainsi qu'aux changements inattendus qui peuvent y survenir, sont, de plus, transposables à d'autres situations. Elles sont généralisables. En un sens plus large, l'intelligence implique la capacité d'un organisme à s'adapter à une situation précise, à répondre à un problème particulier, grâce à un comportement spécifique[52], sans généralisation possible. Cette aptitude, partagée par tous les êtres vivants, s'exprime en fonction des espèces et des lieux, sous de multiples variantes et à différents degrés.

Au sein de cette extraordinaire exubérance, les hominidés se caractérisent par une plasticité impressionnante et une étonnante flexibilité comportementale qu'on pourrait décrire, notamment, comme la faculté de construire des réponses nouvelles dans des conditions environnementales inédites. Ils constituent donc d'excellents témoins pour réfléchir aux liens entre intelligence et adaptabilité. Les cas d'adoptions croisées entre humains et grands singes fournissent un dispositif intéressant pour explorer la capacité de ces primates à répondre adéquatement aux challenges posés par un environnement radicalement différent des forêts tropicales où ils vivent depuis des millions d'années, ainsi que pour mesurer l'étendue de leurs capacités d'adaptation.

---

52. Voir Jacques Vauclair, *Animal Cognition. An Introduction to Modern Comparative Psychology*. Cambridge, Massachusetts & London, England : Harvard University Press, 1996, p. 10.

Appartenant à la famille des hominidés, tout comme leurs parents d'adoption, et partageant de nombreux caractères avec eux, ainsi que des structures internes, un appareillage sensoriel et des processus cognitifs liés à un long chemin évolutif commun, Meshie, Gua, Viki, Pépée et Lucy ont noué des liens très profonds avec leurs compagnons humains, devenus des modèles de référence pour elles. À travers les relations tissées avec leurs parents de substitution, les interactions sociales au sein de leur famille humaine, les jeux ou les sessions d'enseignement, elles ont bénéficié d'un milieu culturel très riche en activités et en objets divers, disposé d'instructeurs humains performants et profité d'opportunités d'apprentissages qui n'existent pas dans leurs sociétés d'origine. Chez les grands singes, les jeunes acquièrent en effet de nombreux comportements, savoir-faire ou techniques en observant intensément ceux qui les entourent, puis en tentant de les imiter[53]. Dans les familles humaines, si les jeunes chimpanzés apprennent également par imitation, ils bénéficient de surcroît d'enseignements dits « actifs », notamment sur le modèle du « Maître et de l'élève ».

Le fait d'être sociaux, d'avoir les dispositions nécessaires pour vivre dans des sociétés dotées de culture[54] et d'avoir

53. Processus au cœur duquel les neurones-miroirs jouent un rôle essentiel.

54. Culture au sens où les membres d'un groupe assurent la transmission intergénérationnelle d'habitudes, de connaissances et de techniques, voire de traditions et de rituels propres à leur communauté. Ces communautés (qui offrent de surcroît tous les avantages de la vie en groupe) permettraient une meilleure utilisation des gros cerveaux qui caractérisent ces espèces, et dont le coût énergétique est très important.

été intégrés dans des environnements humains leur a permis d'accéder à des apprentissages sociaux (*social learning*) plus performants et plus nombreux que dans leurs communautés. Or ces apprentissages sociaux sont généralement beaucoup plus efficaces que les apprentissages solitaires[55]. Les jeunes femelles purent, de la sorte, s'approprier différents savoirs et savoir-faire, des compétences sophistiquées, des nouvelles habitudes, *via* des méthodes performantes propres aux cultures humaines[56]. Elles furent ainsi en mesure d'étendre leur répertoire de compétences, de complexifier leurs comportements, d'accéder à des techniques sophistiquées et de s'approprier certaines expertises proprement humaines (notamment la capacité de comprendre le langage humain, de se déplacer en bipédie, de faire des nœuds, de coudre ou d'utiliser du feu). De plus, elles augmentèrent leurs aptitudes à apprendre ou à innover par elles-mêmes, de même qu'elles enrichirent l'ensemble de leurs compétences cognitives générales.

Lors des cohabitations entre humains et chimpanzés, nos cousins les plus proches ont fait preuve d'une extrême bonne volonté à entrer dans nos univers. Ils ont réussi à s'adapter à nos modes d'existence. Leur flexibilité comportementale et la plasticité de leur ethos se sont révélées beaucoup plus impressionnantes que ce à

55. Voir Carel P. van Schaik and Judith M. Burkart, « Social learning and evolution : the cultural intelligence hypothesis », *Philosophical Transactions of the Royal Society B, Biological Sciences* (2011) 366, 1008–1016.

56. Voir, par exemple, Herrmann, E., Call, J., Hernandez-Lloreda, M. V., Hare, B. et Tomasello, M., « Humans have evolved specialized skills of social cognition : the cultural intelligence hypothesis », *Science,* 2007, 317, 1360–1366 (doi: 10. 1126, science, 1146282).

quoi nous nous attendions. Il ne faudrait cependant pas sous-estimer les limites de cette adaptabilité des grands singes intégrés dans des familles humaines. Rares furent les cas de vie commune harmonieuse qui ont duré au-delà de la préadolescence des primates adoptés. À partir de leurs dispositions communes, les différentes espèces d'hominidés ont en effet toutes emprunté des chemins différents. Ces cheminements ont affûté les ethos, les formes d'intelligence et les dispositions en fonction des êtres, des lieux et des dispositifs. De plus, les spécificités et les orientations liées à chaque espèce se renforcent au fur et à mesure de l'avancée en âge des individus, tandis que leur plasticité diminue. Une fois que les chimpanzés grandissent, certains de leurs traits, de leurs comportements et de leurs besoins entraînent des problèmes difficiles à gérer, par exemple leur force physique, leur imprévisibilité, les dégâts qu'ils occasionnent, leur besoin de mouvement, la recherche de partenaires sexuels et les risques d'attaque.

Il faut donc à la fois penser la profondeur du monde qui unit humains et chimpanzés, et dans le même temps, les spécificités qui ont résulté des cheminements suivis par chaque espèce. Des cheminements qui ont commencé à se dissocier il y a plusieurs millions d'années. Les grands singes sont devenus des experts de la vie en forêt. Les humains ont colonisé tous les lieux possibles sur la Terre. Ils ne sont ainsi pas des singes comme les autres, tout comme les chimpanzés ne sont pas non plus des singes comme les autres. Et on pourrait en dire autant à propos des orangs-outans, des gorilles et des bonobos. Il reste que différentes espèces d'hominidés ont, un moment, été capables de cohabiter et d'apprendre les unes des autres, d'accorder leurs intelligences et de les faire croître, de s'adapter bien au-delà de tout ce que nous aurions pu imaginer...

# Les requins sont-ils intelligents ?

**Bernard Séret**

*Océanographe biologiste, spécialiste des poissons cartilagineux*

J'espère que vous avez pris votre maillot de bain, pas seulement à cause de la chaleur ambiante, mais à cause du sujet « aquatique » dans lequel nous allons nous immerger ! Mais avant de plonger avec les requins, je voudrais remercier Yolaine de La Bigne de m'avoir invité à ce séminaire original. J'ai été chercheur à l'Institut de Recherche pour le Développement (IRD) pendant à peu près 40 ans, et après des séjours et missions outre-mer, j'ai été affecté au Muséum national d'Histoire naturelle de Paris (MNHN). Aujourd'hui retraité de la recherche publique, je continue mes travaux comme chercheur indépendant et comme consultant en ichtyologie marine.

## Où vivent les requins ?

Les requins sont partout ! On en trouve même dans les ministères et les entreprises... En fait, les requins existent dans toutes les mers du monde, même dans les mers polaires. Il y a un seul endroit où on n'a pas encore trouvé de requins, c'est au voisinage immédiat du continent antarctique. C'est une énigme, car dans cette zone il y a tout ce qu'il faut pour « accueillir » des requins ! Et leurs cousines les raies y sont présentes. Mais il y a des requins dans l'océan Arctique, et notamment le fameux requin du Groenland (*Somniosus microcephalus*) qui vit sous la banquise, et qui peut atteindre 6 mètres de long !

On peut classer les requins en fonction de leur habitat. Les requins pélagiques vivent en pleine eau, en haute mer, comme le requin océanique (*Carcharhinus longimanus*), qui a une mauvaise réputation car il est impliqué dans les attaques de naufragés. C'est un prédateur opportuniste ; au milieu des océans, les proies étant rares, il faut profiter de la moindre occasion pour se nourrir !

Le requin à peau bleue (*Prionace glauca*) est un requin très élégant, typique également de la haute mer. Vous avez dû en voir chez votre poissonnier, on en trouve sur leurs étals en été. C'est le requin le plus pêché dans le monde, avec une production annuelle d'environ 40 000 tonnes. Le requin-baleine (*Rhincodon typus*), bien sûr, est un requin qui vit en pleine eau près de la surface. Un autre requin pélagique, moins familier, mais qui est très abondant aussi en haute mer, est le requin soyeux (*Carcharhinus falciformis*). Son nom vient de sa peau qui a un toucher « soyeux » !

À l'inverse, on a des requins qui vivent sur le fond ou près du fond, ce sont les requins benthiques. Ils ont une morphologie et des livrées différentes. Certains, comme les anges de mer et les requins-tapis, ont un corps aplati pour s'adapter à la vie sur le fond. À propos des anges de la mer, la célèbre baie des Anges à Nice doit son nom à la présence des anges de mer qui y pullulaient au XVI^e^ siècle. Aujourd'hui, les anges de mer sont en voie d'extinction, ils ont été presque complètement éradiqués de l'Atlantique Nord-Est à la Méditerranée.

Une autre catégorie de requins est celle des pélagiques côtiers. Ils vivent en pleine eau, dans la zone côtière, au-dessus du plateau continental, entre 0 et 200 mètres de profondeur. En voici quelques exemples : le requin pointes blanches (*Carcharhinus albimarginatus*), le requin bordé (*Carcharhinus limbatus*), le grand requin blanc (*Carcharodon carcharias*), et le requin-tigre (*Galeocerdo cuvier*). Ces derniers sont côtiers, mais ils effectuent périodiquement de grandes migrations océaniques.

Enfin, il existe des requins qui vivent en profondeur, c'est-à-dire en dessous de la limite théorique de 200 mètres du plateau continental. Dans cette catégorie, le requin du Groenland (*Somniosus microcephalus*) est une espèce totémique pour les Inuits qui utilisaient ses dents comme rasoir pour couper les cheveux des femmes, et qui consomment toujours sa chair malgré sa toxicité ; pour cela, ils la font macérer dans de l'eau de mer pour l'attendrir et en enlever la toxine. Parmi les autres requins des profondeurs, on peut citer les squales-chagrins (*Centrophorus* spp.) dont la peau abrasive était utilisée comme « papier de verre » !

Les requins existent partout ou presque, et ils ont aussi une très large distribution bathymétrique entre la surface et 4 000 mètres de profondeur. Le pailona

*(Centroscymnus coelolepis)* détient le record de profondeur : 4 000 mètres ! Dans les profondeurs, on trouve aussi d'étranges requins comme les requins-lanternes (Etmopteridés) qui produisent de la lumière (nous y reviendrons ultérieurement) ; le requin-lutin (*Mitsukurina owstoni*) avec son curieux rostre frontal et ses mâchoires extensibles impressionnantes, qu'il projette pour saisir ses proies. Le requin-lézard (*Chlamydoselachus anguineus*), avec son air d'animal préhistorique, et de fait c'est le requin le plus primitif de la faune actuelle ; il a un corps de congre et une tête de lézard ; ses dents en forme de trident et en séries transversales ressemblent à celles d'un groupe ancien aujourd'hui disparu, les Hybodontes.

Enfin, il y a des requins qui vivent en eau douce. Le plus célèbre d'entre eux est le requin-bouledogue (*Carcharhinus leucas*) qui fait parler de lui à La Réunion. C'est un requin côtier, mais qui est capable de remonter des fleuves. J'en ai personnellement vu à Manaus au Brésil à 3 000 kilomètres de la mer ; il existe dans le Zambèze, et autrefois on pensait que le requin du Zambèze était une espèce distincte. Certains requins vivent de manière quasi permanente en eau douce, comme le requin du Gange (*Glyphis gangeticus*), comme son nom l'indique. Mais il y a plusieurs décennies qu'il a disparu de ce grand fleuve indien, du fait de la pêche et de la pollution de ses eaux ; le Gange, comme d'autres fleuves, étant devenu un égout !

## Quelle taille peut atteindre un requin ?

Les médias montrent toujours les mêmes grands requins, et notamment le plus grand d'entre eux, le requin-baleine, avec ses 18 mètres et ses 36 tonnes. À l'opposé, vous avez des requins lilliputiens qui tiennent dans le creux de la main, ne dépassant pas 20 à 25 centimètres à l'état adulte. Il y a très peu de grands requins, 80 % des espèces font moins de 2 mètres, et 50 % font moins de un mètre, comme les roussettes, par exemple.

## Combien existe-t-il d'espèces de requins ?

À ce jour, 535 espèces de requins ont été décrites. Les poissons cartilagineux ou chondrichtyens comprennent environ 1 300 espèces, dont 535 requins, 660 espèces de raies et une cinquantaine de chimères. Du point de vue zoologique, les raies sont des requins aplatis qui se sont adaptés à la vie sur le fond. Il y a un troisième groupe qui ne ressemble ni aux raies ni aux requins, ce sont les chimères, mais qui ont un squelette cartilagineux comme les requins et les raies. Vous en voyez rarement, pourtant on trouve quelquefois des filets de chimères dans les poissonneries, notamment en Angleterre, où ces filets sont préparés en *fish and chips* que vous avez peut-être dégustés sans le savoir ! Sur ces 1 300 espèces, 16 % étaient inconnues il y a 20 ans. De nombreuses espèces de requins et de raies ont été découvertes et décrites ces dernières décennies.

Descriptions auxquelles j'ai contribué grâce à des missions d'exploration faites dans le Pacifique Sud.

## L'intelligence des requins

Comme cela a été dit dans les exposés précédents, si on définit l'intelligence animale comme la faculté de s'adapter à des changements d'environnement, on peut d'emblée affirmer que les requins sont intelligents ! En effet, au cours de leur évolution depuis l'ère primaire (environ 450 millions d'année), ils ont traversé quatre grandes extinctions de masse de la biodiversité. Et aujourd'hui, ils en affrontent une autre d'une grande ampleur, et dans laquelle l'homme a une grande responsabilité du fait de son impact grandissant sur l'environnement. Des groupes entiers (e.g. les dinosaures) ont disparu du fait de ces grandes extinctions de masse, mais la lignée des requins a survécu. Les requins se sont adaptés aux changements environnementaux, mais résisteront-ils à la surexploitation actuelle de leurs populations et à la dégradation de leurs habitats ?

## Peut-on mesurer l'intelligence animale ?

Un moyen classique pour quantifier l'intelligence animale est de calculer un indice dit d'encéphalisation, puisque le cerveau est l'organe de l'intelligence ! Une personne avec un gros cerveau est censée être plus intelligente, car son cerveau contient plus de neurones. La première idée a été de comparer le poids du cerveau au poids du corps. Ce n'est pas un simple ratio entre ces deux masses, car il faut tenir compte des rapports d'allométrie : ainsi, la baleine, qui est énorme, a un cerveau relativement petit par rapport à sa taille, et à l'inverse une musaraigne a un cerveau relativement grand, même s'il ne pèse que quelques grammes, par rapport à sa taille. Pour tenir compte de ces inégalités, on prend les logarithmes des masses, ce qui permet de minimiser ces variations.

De plus, on ne fait pas juste un simple rapport des masses, cela aurait peu de signification. On établit une relation entre le poids réel du cerveau et son poids théorique (calculé à partir d'une régression logarithmique entre le poids du cerveau et le poids du corps). Cette méthode de calcul des poids est certes critiquable, mais elle permet de faire des comparaisons entre groupes zoologiques.

Ainsi, on constate que les requins sont plutôt bien placés du point de vue de l'encéphalisation : ils sont plus « futés » que certains oiseaux, que les poissons osseux et même que beaucoup de mammifères.

Quand on compare les coefficients d'encéphalisation chez les vertébrés, on constate que le modèle mathématique, conçu par un cerveau humain, place l'homme au sommet avec un QE de 5,28. Mais les requins sont plutôt bien placés, avec des QE qui varient entre 1,38 et 2,92 pour le requin-crocodile (*Pseudocarcharias kamoharai*) comparé aux QE de la baleine à bosse (1,76), de l'orque (1,5) et des dauphins (2,8). Pourquoi le requin-crocodile a-t-il un tel

QE ? Peut-être parce que ce requin des profondeurs est un excellent chasseur ?

## La taille du cerveau peut être reliée à différents paramètres

Le premier paramètre est la complexité de l'habitat. Nous avons vu qu'il y avait des requins pélagiques et des requins benthiques. Dans le milieu pélagique, vous êtes dans un espace à trois dimensions. Quand vous vivez sur le fond, vous êtes dans un espace à deux dimensions. C'est comme si vous vouliez piloter un avion ou conduire une voiture. Se déplacer dans un espace à trois dimensions est plus complexe que de se déplacer dans un plan, et cela suppose donc un degré supérieur d'intégration cérébrale.

Les poissons pélagiques ont tendance à se rassembler sous des objets flottants (tronc d'arbre, bouée...). L'homme utilise ce phénomène depuis des siècles pour les pêcher. On appelle cela un dispositif de concentration de poissons, ou DCP. Il se crée ainsi des micro-écosystèmes sous ces objets – qui peuvent d'ailleurs être vivants, comme les requins-baleines, car les petits poissons qui viennent s'abriter sous ces objets attirent toutes sortes de prédateurs. Traditionnellement, les pêcheurs utilisent des radeaux en bambou pour attirer les poissons et les pêcher. Les DCP sont aujourd'hui appareillés avec des sonars et GPS qui informent les pêcheurs de la présence ou non de thons sous le dispositif. Le bateau n'a plus qu'à venir tourner son grand filet (la senne) autour du DCP pour prendre tout ce qui se trouve dessous : thons et prises accessoires, et surtout de nombreux requins soyeux. Dans l'océan Indien, des milliers de ces dispositifs sont déployés chaque année. La densité est telle que l'on s'est aperçu que ces DCP modifiaient la migration des thons. De plus, nombre d'entre eux finissent comme épaves sur les récifs, contribuant à leur dégradation.

Une autre « intelligence » du requin est la thermorégulation qui demande un certain degré d'intégration cérébrale. Certains requins (e.g. requin blanc, requins-renards) sont capables de maintenir leur température corporelle à une dizaine de degrés au-dessous de la température ambiante. La chaleur produite par l'activité des muscles rouges est récupérée par un système très vascularisé fonctionnant comme un échangeur de chaleur. Quels sont les avantages de réguler sa température ? Ces grands prédateurs doivent être prêts à fondre sur leurs proies, avoir des muscles « chauds » leur permettent de démarrer rapidement ! Un autre avantage de la thermorégulation est de pouvoir exploiter des milieux de températures différentes, en particulier des habitats plus froids et plus profonds.

## La taille du cerveau peut aussi être corrélée à l'électro-réception

L'électro-réception demande en effet une intégration cérébrale élevée. Les requins ont des détecteurs de champs électriques, les ampoules de Lorenzini, qui leur servent à détecter les proies, mais aussi à s'orienter lors de leurs déplacements migratoires. Le requin produit son propre champ électrique, et quand il se déplace dans les lignes du champ magnétique terrestre, son champ électrique se modifie et ses ampoules sont capables d'interpréter ces modifications. Ainsi, les requins s'orientent dans l'immensité des océans en utilisant le champ magnétique terrestre. Le traitement de telles informations demande lui aussi un degré d'intégration cérébrale élevé.

## Les requins sont « sociables » !

Autre facteur corrélé à la taille du cerveau, la sociabilité. Traditionnellement, les requins sont considérés comme des animaux solitaires, mais ils ont aussi des relations sociales. On a vu des rassemblements spectaculaires de plusieurs centaines de requins-marteaux halicornes (*Sphyrna lewini*). Les femelles, qui sont généralement plus grandes que les mâles, les dominent et nagent au-dessus ou en tête du groupe. Dans la journée, le groupe se déplace au-dessus des hauts fonds où il y a des courants favorables pour pouvoir circuler, et en fin de journée, quand la lumière solaire diminue, la structure sociale se dissocie et chacun va chasser pour son compte.

Les requins-taureaux se rassemblent aussi parfois (*Carcharias taurus*) en Afrique du Sud, sans doute pour se reproduire. On peut même plonger avec eux car ils ne sont pas dangereux malgré leur air farouche ! Le requin-corail

(*Triaenodon obesus*), lui, chasse la nuit, en meutes parfois importantes, dans les récifs coralliens.

Des requins peuvent aussi chasser ensemble en suivant des groupes de dauphins, en particulier quand il y a des nouveau-nés, des jeunes ou des adultes affaiblis dans le groupe. Dans l'estomac d'un grand requin blanc pêché à Malte, on a trouvé un dauphin coupé en trois tronçons, et un requin peau bleu de 1,6 m intact, avalé d'un seul coup ! Mais les dauphins savent aussi se défendre : un ami cinéaste sous-marin a filmé un groupe de dauphins en Polynésie chassant des requins océaniques qui convoitaient leurs petits.

Ces agrégations de requins peuvent être opportunistes et labiles, même si elles peuvent contenir des centaines d'individus. Toutefois, il y a une certaine cohésion donnée par un ou un petit groupe d'individus. En mer Rouge, j'ai observé que les meutes de requins-marteaux étaient menées par une grande femelle ; quand les plongeurs s'approchent, la femelle dominante monte vers le groupe de plongeurs pour estimer s'il représente un danger, puis redescend reprendre sa place en tête de la meute et continuer sa route. Sinon, il vaut mieux s'écarter !

L'existence de véritables réseaux sociaux a même été démontrée par une équipe française chez le requin à pointe noire (*Carcharhinus melanopterus*) de Polynésie. C'est un très joli petit requin d'environ 1,2 m, reconnaissable à sa dorsale dont l'extrémité est noire soulignée de blanc, mais dont les variations permettent une identification individuelle. L'équipe a suivi une population d'une centaine d'individus pendant deux ans, et appliqué des modèles de la sociologie aux mouvements observés. Ces mouvements ne sont pas aléatoires, les requins de Moréa sont organisés en tribus, et les individus d'une tribu peuvent aller dans d'autres tribus, mais reviennent dans leur « village natal ». Cette première étude sociologique sur les requins va sans nul doute en susciter d'autres, qui devraient montrer que les structures sociales chez les requins ne sont pas aussi rares que supposé !

## Ce sont des stratèges !

Le grand requin blanc (*Carcharodon carcharias*) adapte son régime alimentaire en fonction de son âge et de la disponibilité des proies. Les jeunes requins blancs mangent du poisson, les adultes préfèrent les mammifères marins, plus gras et donc plus riches en énergie. Les techniques de chasse varient avec l'âge du requin et la nature de la proie. En Afrique du Sud, le grand requin blanc chasse des *fur seals* qui sont des phoques de petite taille. Pour cela il effectue des sauts spectaculaires *(breaching)* pour attraper sa proie « au vol » ou bien les assommer en retombant dessus. En revanche, le requin blanc, dans le golfe de Californie, s'attaque à des phoques plus gros que ceux d'Afrique du Sud et qui ont de fortes griffes capables de le blesser sérieusement ; la tactique utilisée par le requin est le *bite and spit* (« mordre et recracher » !) c'est-à-dire qu'il fonce sur sa proie, la mord violemment, puis s'en va et attend que la proie s'affaiblisse ou meure avant de revenir la consommer. On a vu aussi des requins blancs qui s'associaient pour tirer au large une carcasse de baleine échouée, pour pouvoir la consommer plus facilement.

Aux îles Hawaï, des requins-tigres (*Galeocerdo cuvier*) viennent chasser les albatros au ras des plages, au risque de s'échouer ! Ils sont capables de parcourir 70 à 100 kilomètres par jour pour visiter les sites d'alimentation, aller de l'un à l'autre pour y trouver des proies. Dans leur « tournée » quotidienne, ils peuvent intégrer de nouveaux sites crées par l'homme, comme les cages à poissons des fermes aquacoles !

Autre méthode, le requin plat-nez (*Notorynchus cepedianus*) qui chasse en meute en Afrique du Sud : plusieurs individus « occupent » l'attention de la proie pendant que d'autres la contournent pour l'attaquer. Une technique de chasse qui rappelle celle des loups.

## Le camouflage

Encore une adaptation « intelligente » ! Nous avons vu que les requins benthiques avaient des livrées mimétiques qui leur permettaient de passer inaperçus quand ils étaient posés sur le fond. Mais les requins pélagiques ont aussi des couleurs qui estompent leur silhouette quand ils sont en pleine eau : d'une manière générale, le dos de ces requins est bleu foncé et leur ventre blanc.

Une autre forme de mimétisme est celle développée par les requins-lanternes *(Etmopteridae)*, qui tiennent leur nom de la lumière qu'ils émettent, ils sont bioluminescents ! Ce sont des requins de petite taille (entre 30 et 60 centimètres) qui vivent en profondeur (jusqu'à 2 000 mètres), mais qui remontent vers la surface pour venir se nourrir dans les couches superficielles. Leurs organes lumineux, les photophores, sont surtout concentrés sur leur ventre, près des organes sexuels. On pensait que cela servait à reconnaître des partenaires sexuels pour la reproduction. Mais une équipe belge a montré que cette bioluminescence était une forme de camouflage, appelée contre-illumination ! Quand ces requins remontent, leur silhouette se détache sur le fond clair de la surface et ils deviennent des proies vulnérables. En éclairant leur face ventrale, les requins-lanternes dissimulent leur silhouette à des prédateurs potentiels. Ils sont donc capables d'adapter la luminosité émise à celle du milieu ambiant ! Pour se protéger, ils ont des épines devant leurs nageoires dorsales, qui sont « éclairées » par des photophores indiquant aux prédateurs potentiels « attention, danger ! » pour les dissuader d'attaquer.

On dit parfois que les requins voient mal. Ils voient le monde autrement que nous le percevons, mais leur vision est bonne, bien adaptée à un milieu dans lequel l'intensité et la composition de la lumière varient rapidement avec la profondeur. Leur rétine contient de nombreuses cellules visuelles en bâtonnets qui leur permettent de bien voir les contrastes, mais elle contient aussi des cellules en cônes pour voir les couleurs. Toutefois, on pense qu'ils perçoivent les couleurs comme des différences de contrastes. Leur rétine est aussi doublée d'une couche pigmentaire qui concentre la lumière ; c'est pour cela que les yeux des requins luisent la nuit comme ceux des chats !

## Les requins communiquent

S'ils n'émettent pas de sons que l'on pourrait considérer comme des moyens de communication, ils ont un langage corporel, une gestuelle qui commence à être décryptée. Prenons l'exemple des requins de récifs qui ont un comportement territorial, c'est-à-dire qu'ils s'attribuent une zone de laquelle ils chassent tout intrus. Pour cela le propriétaire des lieux adopte une nage saccadée, fait le gros dos comme un chat en colère, et abaisse ses nageoires pectorales dans une attitude menaçante. Si l'intrus persiste, l'attaque est certaine.

Récemment, on a commencé à recenser des postures du grand requin blanc sud-africain. Il existe certaines règles, par exemple pour la priorité : quand ils se croisent, c'est souvent le plus petit qui laisse le passage ! Ils peuvent aussi nager en parallèle pour se mesurer respectivement !

Quand un requin vient faire des passes successives près d'un plongeur, c'est pour comparer sa taille à un adversaire potentiel, la règle principale de la dominance étant le rapport de tailles. Face à un requin inquisiteur, il est recommandé aux plongeurs de se mettre en position verticale pour paraître plus grands que le requin !

Un autre moyen de communication serait l'émission de phéromones, mais c'est un domaine presque totalement vierge ! On a observé que des extraits d'ovaires (contenant des phéromones) étaient bien plus attractifs qu'une goutte de sang, souvent citée en exemple ! On découvre donc beaucoup de signes intéressants, mais le dictionnaire requin-humain reste à établir !

## Les requins sont capables d'apprendre

Nous avons vu que les jeunes requins blancs mangent des poissons alors que les adultes sont friands de mammifères marins. Pour changer de régime alimentaire, un apprentissage est nécessaire. Attaquer un phoque est bien plus difficile que de croquer un simple poisson. Les attaques ne sont pas toujours couronnées de succès, mais avec la répétition des essais, le taux de réussite augmente. Les requins apprennent donc de leurs erreurs. J'ai personnellement eu l'occasion d'observer des grands requins blancs en Afrique du Sud, dans le cadre de sorties écotouristiques au cours desquelles on attire les requins avec du jus de poissons et des *decoys*, c'est-à-dire des leurres en néoprène à l'effigie de phoques. Les requins viennent effectivement près du bateau, mais sans précipitation ! Sans attaques foudroyantes ! Mon impression était qu'ils jouaient, et ce sont de bons acteurs car ils savent qu'ils n'auront pas de récompense, puisqu'il est interdit de les nourrir. Ces activités durent depuis des années, et je pense que pour les requins ce sont peut-être des occasions de s'entraîner !

## Les requins peuvent anticiper un événement

Une très belle étude (Heupel *et al.*, 2003) a été menée sur les requins bordés (*Carcharhinus limbatus*) de la baie de Tampa, en Floride. Un réseau de balises acoustiques installé dans cette baie permettait de suivre les mouvements des requins marqués. Lors du passage des cyclones, on s'est aperçu que les requins quittaient la baie quelques heures avant l'arrivée de l'œil du cyclone, quand la pression barométrique chute. Ces requins sont donc capables de percevoir les variations de la pression atmosphérique et de les interpréter pour fuir avant le danger.

## Les requins ont de la personnalité !

Le requin de Port Jackson (*Heterodontus portusjacksoni*) est un petit requin de récif très gourmet, puisque son régime alimentaire est composé essentiellement d'oursins, dont il broie les carapaces avec ses mâchoires puissantes. Une série d'expériences a montré l'existence de réactions individuelles. Si on transfère des requins de cette espèce de leur milieu naturel dans un environnement artificiel avec des cages servant d'abris, on s'aperçoit qu'il y a des individus un peu timorés qui mettent du temps à sortir de leur cachette pour explorer leur nouveau territoire, et d'autres plus courageux qui vont tout de suite aller investiguer tout ce qu'il y a dans l'aquarium. On a fait les mêmes observations avec de jeunes requins-bouledogues dans les mangroves des îles Bahamas ; les timides restent à l'abri des branches et des racines des palétuviers quand les téméraires sortent du lagon et vont se nourrir à l'extérieur. D'ailleurs, les plongeurs savent que certains requins méfiants ne s'approcheront pas, alors que d'autres seront nettement inquisiteurs.

Face à un requin trop inquisiteur, certains guides de survie conseillent de donner des coups de poing pour le faire fuir. Il faut en effet le repousser fermement, mais sans violence, avec un débordoir ou tout autre objet (tuba, caméra, etc.), et éventuellement avec la main au niveau des branchies, qui sont très sensibles. Mais s'il y a morsure ou imminence de morsure, il faut avoir une attitude agressive envers le requin. Cela dépend aussi de l'identité de l'agresseur : s'il est relativement facile de repousser un requin gris de récif, c'est une autre affaire avec un grand requin blanc.

Il faut savoir aussi que les requins ne peuvent pas nager en reculant. Mais certains, comme les requins-marteaux, peuvent « virer sur l'aile » grâce à leur large tête dont les expansions latérales servent de gouvernail directionnel ! Par ailleurs, nombre de requins ont un corps suffisamment souple pour être capables de se « mordre la queue ». Des plongeurs en ont fait l'amère expérience avec de débonnaires requins-nourrices *(Ginglymostoma cirratum)* : en leur tirant sur la queue pour les faire sortir de leur léthargie apparente, ils ont été mordus !

## Les requins savent s'orienter

J'ai choisi deux exemples significatifs pour illustrer cette faculté des requins.

Le premier exemple est la course transocéanique de Nicole ! Nicole est une femelle de grand requin blanc de 3,8 m de long, qui a été marquée en Afrique du Sud d'une balise satellitaire. En 99 jours, elle a parcouru 11 000 kilomètres pour traverser l'océan Indien et atteindre les côtes australiennes. Pendant sa migration, elle ne restait pas en surface, mais effectuait régulièrement des plongées profondes jusqu'à 1 000 mètres de profondeur. Le temps passé en profondeur représentait 18 % du temps total de la traversée. Ces plongées ne sont donc pas fortuites ou aléatoires. Il ne s'agit pas de s'alimenter, car les proies sont rares à ces profondeurs. On s'est aperçu que ces plongées étaient souvent effectuées sur des reliefs du fond, là ou les lignes du champ magnétique terrestre sont resserrées. L'hypothèse serait que les requins descendent sur ces zones, éloignées des perturbations de la surface, pour mieux s'orienter dans leurs déplacements, pour « prendre le cap » ! Par ailleurs, à ces profondeurs, la température de l'eau est à environ 3 °C, alors qu'elle est de 25 °C en surface. Les requins blancs ont donc une grande tolérance thermique.

Ensuite, Nicole est revenue en Afrique du Sud après son périple australien. N'ayant plus de balise pour la suivre (la balise s'était détachée quand elle est arrivée en Australie), elle a été identifiée un an plus tard dans les eaux sud-africaines, grâce à la photo-identification – une photo de la nageoire dorsale servant de carte d'identité, car les ciselures du bord postérieur de la nageoire sont comme nos empreintes digitales ! Nicole a donc effectué un aller-retour en Australie, soit un parcours de plus de 20 000 kilomètres en neuf mois. Les données de la génétique semblent confirmer que les femelles sud-africaines vont s'accoupler avec des mâles australiens, puis reviennent en Afrique du Sud. Tous ces comportements migratoires ont été révélés grâce au développement extraordinaire de la technologie des balises électroniques (acoustiques et satellitaires) ; en quelques années, ces petites merveilles d'électronique ont révolutionné le domaine de l'éthologie animale.

Le deuxième exemple concerne le « bar » des grands requins blancs du Pacifique. Des balises électroniques ont été posées sur des grands blancs de la réserve de Guadalupe, une île mexicaine avec une population importante de grands requins blancs qui fait l'objet d'activités écotouristiques (la croisière « requins » est onéreuse : plus de 5 000 euros la semaine !). Le suivi des ces requins marqués a montré qu'ils se retrouvaient dans une zone au milieu du Pacifique, baptisée le « Shark Café » par les chercheurs américains qui ont réalisé l'étude (Nasby-Lucas *et al.*, 2009), et que j'ai traduit par le « bar des grands blancs ». Quand ils sont en route pour le bar, ils nagent en surface la nuit, et effectuent des plongées profondes le jour, probablement pour se géolocaliser. En revanche, quand ils sont arrivés au bar, ils restent près de la surface (dans les 200 premiers mètres), et font de temps en temps des incursions en profondeur.

La saga n'est pas terminée ! Car quand les femelles sont au café, les mâles sont en tournée ! En effet, après l'accouplement autour de Guadalupe, mâles et femelles partent au large vers le café. Les femelles vont rester au large pendant toute la gestation (de 16 à 18 mois chez les requins blancs), tandis que les mâles vont faire des incursions tous les ans entre Guadalupe, la côte basse-californienne et la zone du large, le café ! Au moment de la mise bas, les femelles reviennent, rentrent dans le golfe de Californie, mettent bas puis retournent à Guadalupe, et le cycle recommence. Elles viennent près des côtes abritées pour donner naissance à leurs petits et éviter ainsi que les mâles ne les croquent ! Mais ensuite, elles repartent, elles ne s'occupent plus de leurs petits, parce qu'un bébé requin est un adulte en miniature !

En effet, dès la naissance, les jeunes sont autonomes et indépendants. Ils grandissent toute leur vie, mais le taux de croissance diminue avec l'âge. À propos de l'âge, il existe un grand principe dans la gestion des ressources halieutiques, celui de protéger les petits pour assurer la pérennité de la population. On fixe donc une taille minimale de capture. Ce principe n'est pas applicable aux requins, car chez eux la fécondité augmente avec l'âge : plus la femelle est âgée, donc grande, plus elle peut porter de petits. Chez les requins, il vaut donc mieux protéger les vieilles femelles, plus fécondes que les jeunes ! La gestion des populations de requins est difficile, car ils sont principalement des prises accessoires de pêcheries ciblées sur d'autres espèces. Malgré ces difficultés, on s'oriente actuellement vers une gestion écosystémique des pêches intégrant les espèces cibles (les thons, par exemple) et les espèces accessoires (les requins, par exemple).

Les choses évoluent positivement, surtout en Europe, mais pas aussi vite que ne le voudraient les ONG. Il existe des plans d'action pour la conservation et la gestion des requins, des commissions scientifiques pour conseiller les politiques, des organisations régionales des pêches pour mettre en œuvre les mesures de gestion. Enfin, il y a un outil très efficace, la sanctuarisation de zones marines. Protéger un morceau d'océan et tout son contenu est la meilleure solution, car quand vous laissez la nature se gérer elle-même, elle le fait bien mieux que nous !

## Comment définir un requin ?

Cela paraît peut-être trivial pour certains, mais ce n'est pas aussi simple qu'il n'y paraît ! Alors, comment définiriez-vous un requin ? Souvent, on répond : « C'est un poisson. »

Ici, il faut faire une digression. Nous sommes dans une université dans laquelle on se doit de transmettre des notions nouvelles, eh bien je vais sans doute vous étonner, mais les poissons, ça n'existe plus ! Le saviez-vous ? Les poissons, ça n'existe que pour le pêcheur et le cuisinier ; en science, cela n'existe plus. Dans les anciennes classifications – vous avez peut-être appris cela à l'école –, il y avait les oiseaux, les reptiles, etc., et les poissons, parce qu'on mettait dans la catégorie poissons tous les vertébrés avec des nageoires qui vivaient dans l'eau, car à cette époque on mettait dans une même boîte les objets qui se ressemblaient : les groupes zoologiques étaient définis sur leur ressemblance morphologique. Or on sait que dans l'évolution il y a des convergences. Maintenant, les classifications modernes que l'on qualifie de « naturelles », ou mieux « phylogénétiques », sont basées sur les liens de parenté entre les groupes. Cela veut dire qu'on met dans la même boîte les organismes qui ont un ancêtre en commun. Et un groupe homogène (on dit monophylétique) contient tous les organismes qui descendent d'un ancêtre commun. Or ce qu'on appelait dans le temps les « poissons » n'ont pas d'ancêtre commun.

Sur l'arbre phylogénétique, les Petromyzontides sont les lamproies ; les chondrichtyens, qui nous intéressent aujourd'hui, sont les requins, les raies et les chimères ; les Actinistiens sont représentés de nos jours par le cœlacanthe ; les dipneustes sont les poissons à poumons qui respirent de l'air, et puis il y a tous les autres poissons. Du fait de cette nouvelle phylogénie, la notion de poisson n'existe plus. Dans les anciennes classifications, il y avait une catégorie *pisces* qui a donc disparu de la classification actuelle. Cependant, dans le langage courant, on continue à utiliser le vocable « poissons » par commodité, mais il faut avoir à l'esprit cette notion nouvelle, qui mériterait d'être plus largement diffusée… et enseignée !

À cette digression, je voudrais ajouter une petite note culturelle avec le fameux ouvrage de Linné, *Systema Naturae*, dont la dixième édition de 1758 est la référence primordiale de la classification binomiale. Cet ouvrage montre que Linné avait vu que les requins n'étaient quand même pas comme les autres poissons. Page 233, il définit le genre *Squalus* dans lequel il place tous les requins connus à son époque ; mais Linné les place dans les *Amphibia Nantes*, c'est-à-dire les batraciens ! Si Linné avait bien vu que les requins étaient originaux, il s'est trompé en les associant aux amphibiens !

## Qu'est-ce qui différencie les requins des autres poissons ?

Il y a plusieurs caractères distinctifs, parmi lesquels j'ai sélectionné les principaux. Si on regarde un requin et une daurade, quelles différences voit-on ? Ne parlons pas de la forme, parce qu'elle est très variable dans les deux groupes. Mais il y a des différences de nageoires. Chez la daurade, les nageoires sont membraneuses et soutenues par des rayons épineux ou branchus ; elles sont souples et mobiles. Chez les requins, les nageoires sont charnues et couvertes de peau, et sont soutenues par des cartilages et des fibres cornées ; elles sont « raides » et fixes, ou peu mobiles.

Le deuxième caractère visible, les branchies. Quand vous allez chez votre poissonnier, vous soulevez l'opercule de votre daurade pour voir si elle est fraîche, en regardant la couleur rouge vif des branchies. Chez les requins, les branchies s'ouvrent directement à l'extérieur par 5 à 7 paires de fentes branchiales ; il n'y a pas d'opercule, d'où le terme d'élasmobranche (requins et raies) qui signifie « branchies nues ».

Le troisième caractère visible chez un poisson, ce sont les écailles. Chez les requins, il n'y a pas d'écailles, mais des denticules cutanés (appelés autrefois « écailles placoïdes ») sur lesquels je vais revenir.

Mais la caractéristique principale des requins, c'est la nature de leur squelette. Celui d'une daurade, un poisson osseux, est fait d'os, alors que le squelette d'un requin est constitué de cartilage. Ce cartilage réduit en poudre est vendu en gélules comme « complément alimentaire », mais avec un message subliminal que ce cartilage soulagerait les douleurs articulaires et pourrait même guérir certains cancers selon le slogan des promoteurs de cette commercialisation : *Sharks don't get cancer !* Ce qui n'a jamais été démontré.

Il y a d'autres caractères distinctifs, les dents. Chez les poissons osseux, comme chez nous, les dents sont implantées dans les alvéoles des mâchoires. Chez les requins, les dents ne sont pas dans les alvéoles, mais dans la gencive. Les dents de la rangée antérieure sont fonctionnelles, elles servent à mordre les proies ; en arrière, enfouies dans la gencive, il y a plusieurs rangées de dents de remplacement qui vont se redresser au fur et à mesure que les dents antérieures tombent ou se cassent ; les dents se déplacent donc comme sur un tapis roulant. Au cours de sa vie, on estime qu'un requin produit plusieurs milliers de dents. Des millions de dents de requins « tapissent » le fond des océans...

On en trouve de grandes quantités dans les gisements de phosphates comme ceux du Maroc. Et elles servent souvent de noyaux agrégatifs lors de la formation des nodules polymétalliques dans les champs dont les abysses constituent les « mines d'or » de demain !

Je vous ai parlé précédemment des denticules cutanés. Quand vous observez une peau de requin, son aspect est granuleux comme de la peau de chagrin. Autrefois, la peau de requin était utilisée comme papier de verre pour poncer les ponts des bateaux en bois. Ces denticules sont minuscules, ils mesurent en moyenne trois dixièmes de millimètres, quelquefois moins, quelquefois un peu plus. La structure de ces denticules est comparable à celle d'une dent avec une couronne, un pédoncule, une racine et une cavité pulpaire. La couronne est ornée de microreliefs : des alvéoles en nids d'abeilles et des carènes qui se terminent par une pointe dirigée vers l'arrière du requin. C'est pourquoi la peau du requin est rugueuse quand vous la caressez à « rebrousse-poil » de la queue vers la tête ! Ces microstructures ont une fonction hydrodynamique : elles réduisent les turbulences autour du requin et lui assurent ainsi une meilleure pénétration dans l'eau, ce qui est avantageux pour un prédateur qui doit être très mobile et rapide.

La fonction hydrodynamique des denticules est « imitée » dans certaines applications humaines, comme les petits ergots métalliques sur les ailes d'avion, les *ribblets* (micro-rainures) de certaines structures et revêtements synthétiques, et même la combinaison *Shark Skin* d'une célèbre marque de maillot de bains, dont le marketing était plus efficace que la combinaison elle-même !

Les requins sont aussi caractérisés par des organites particuliers, les ampoules de Lorenzini. Ces ampoules ne servent pas à éclairer les abysses, mais à détecter les faibles champs électriques comme ceux émis par les organismes vivants. Quand vous regardez le museau d'un requin, vous voyez des petits pores, des sortes de points noirs comme s'il avait de l'acné ! Et quand vous pressez la peau, une gelée sort de ces pores. Ces pores sont les débouchés de canaux enfouis dans la peau et qui se terminent par des petits glomérules blancs. Ce sont les fameuses ampoules ; l'intérieur est tapissé de cellules sensorielles qui mesurent la différence de potentiel entre l'ampoule et la surface de la peau. Prenons l'exemple des ampoules sur une tête de requin-marteau ; elles sont regroupées en faisceaux autour de la bouche. Vous avez sans doute vu des vidéos montrant des requins-marteaux à la recherche de proies enfouies dans les sédiments : ils nagent au ras du fond en oscillant leur tête de droite à gauche comme on le fait avec un détecteur de métaux. La détection des champs électriques est un sixième sens caractéristique des requins.

Il y a quelques années, les sociétés qui posent les câbles téléphoniques sous-marins entre l'Europe et l'Amérique du Nord constataient des morsures sur les gaines protectrices. Les analyses ont montré qu'il s'agissait de morsures de requins, qui formaient des points de corrosion sur les câbles, et... de la « friture sur les lignes » ! Les très faibles champs électriques émis par ces câbles leurraient les requins, qui les prenaient pour des proies potentielles !

Les requins se caractérisent aussi par leur foie qui est énorme. Comme chez les autres vertébrés, le foie des requins a une fonction glycogénique, mais il a aussi une fonction hydrostatique. On dit couramment que si un requin s'arrête de nager, il coule ! Ce n'est pas tout à fait vrai, ce n'est pas tout à fait faux. Certains requins peuvent s'arrêter de nager et ne pas couler ! Toutefois, la plupart des requins ont une légère flottabilité négative, car ils n'ont pas de vessie natatoire qui leur permet de « flotter » comme les poissons osseux. Les requins compensent cette absence de vessie natatoire par leur gros foie riche en huile ; l'huile du foie étant plus légère que l'eau, elle contribue à la flottabilité du requin. Cette absence de vessie gazeuse donne un avantage aux requins : ils peuvent changer rapidement d'immersion sans risquer un barotraumatisme (gonflement de la vessie lors d'une remontée rapide). C'est un réel avantage pour un prédateur.

L'huile de foie de requins, riche en vitamines, a autrefois remplacé avantageusement l'huile de foie de morue que l'on donnait aux enfants dans les années 1950 pour prévenir le rachitisme ! Aujourd'hui, des gélules d'huile de foie de requin sont commercialisées comme compléments alimentaires dans les boutiques de produits bio !

Le foie, qui occupe une grande partie de la cavité abdominale des requins, laisse peu de place à l'intestin. Habituellement, l'intestin est long chez les vertébrés ; chez les requins, faute de place, l'intestin est court. Les requins ont résolu le problème de place dans la cavité abdominale en raccourcissant leur intestin, mais pour conserver la même surface d'absorption, sa paroi interne est enroulée en spirale, d'où le nom de valvule spirale donnée à cette portion du tube digestif des requins.

Une autre caractéristique des requins, par rapport aux autres poissons, est leur mode de reproduction : chez les requins la fécondation est interne, c'est-à-dire qu'il y a accouplement entre une femelle et un mâle. Pour cela, le mâle a des organes copulateurs appelés ptérygopodes. Ce sont des différenciations tubulaires des nageoires pelviennes. À la différence des pénis, les ptérygopodes ne sont pas en connexion avec les testicules par des canaux déférents ; le sperme est émis dans le cloaque par des papilles génitales, puis aspiré par une glande siphonale située à la base de la nageoire, et injecté dans le cloaque de la femelle par le ptérygopodes lors de l'accouplement. On voit des accouplements de requins avec un seul des deux ptérygopodes introduit dans le cloaque de la femelle. Mais il est difficile d'observer ces accouplements, même en aquarium, car les requins sont pudiques ! Ces ébats discrets laissent des cicatrices sur le corps des femelles, car pour se maintenir durant l'accouplement, le mâle utilise ses mâchoires !

## Que peut-on conclure de l'observation de tous ces comportements ?

Les requins ont été longtemps les mal-aimés de tous, et même de la science. Mais depuis quelques années, il y a un véritable engouement pour les étudier. Il y a eu la vague « génétique », quand les méthodes d'analyse de la génétique ont été introduites en zoologie, mais aujourd'hui, ce domaine est quasiment saturé ! Maintenant on est dans la vague comportementale, avec la révolution des balises électroniques. Il suffit de quelques balises bien posées, et vous avez en quelques mois matière à rédiger une publication scientifique sur le comportement des requins, qui était un domaine quasi vierge il y quelques années. Dans le Pacifique, il y a actuellement plus de 200 programmes de recherche sur les requins et les raies qui concernent leurs mouvements étudiés au moyen de ces balises. Globalement, ce sont des milliers de requins qui se promènent dans les océans avec une balise sur le dos !

Les organisations des pêches ont d'ailleurs très vite compris l'intérêt de ces balises pour connaître les mouvements des poissons, et les premières ont été développées pour suivre la migration des thons, et bien sûr les capturer plus facilement !

On pensait jadis que les requins étaient des animaux essentiellement réflexes, un peu stupides. On sait maintenant que ce sont des créatures parfaitement adaptées à leur environnement et à leur fonction de prédateurs, avec des comportements complexes, des relations sociales et des personnalités ! Les requins sont finalement plus intelligents qu'on ne le pensait.

Leurs capacités cognitives sont encore mal connues, mais le développement récent de nouvelles technologies permettant de les étudier dans leur milieu a ouvert la voie à de nouvelles perspectives. On sait maintenant qu'ils sont capables d'apprendre de leurs erreurs, de changer leurs stratégies alimentaires et même de reproduction, et qu'ils ont des facultés d'adaptation qui leur ont permis de survivre aux grandes extinctions de masse. Aujourd'hui, leur « intelligence instinctive » est confrontée à une intelligence d'une autre espèce qui pullule sur terre et qui menace leur survie, comme celle de bien d'autres êtres vivants !

Peut-on imaginer une mer sans requins ? C'est l'objet d'une autre conférence...

# Conclusion

**Yolaine de la Bigne**

*Journaliste, fondatrice*
*de l'Université d'été de l'animal*

## La suite ? Rendez-vous fin août !

Araignées qui prennent leur avion perso, singes nous révélant les secrets de plantes qui soignent, requins si petits qu'ils tiennent dans la main.... J'espère que ce livre vous a convaincu des découvertes incroyables que nous faisons sur les animaux.

Mais vous n'êtes pas au bout de vos surprises ! Les conférenciers de la prochaine Université d'été de l'animal ne vont pas vous décevoir ! La troisième édition recevra du 24 au 26 août 2018 au Château de la Bourbansais, en Bretagne, six conférenciers qui nous feront voyager au pays des fourmis, des oiseaux ou des pieuvres.

**Kalina Raskin**, ingénieur physico-chimiste et docteur en biologie, est la directrice générale du CEEBIOS, le Centre européen d'excellence en biomimétisme, installé à Senlis. Elle nous racontera les talents du vivant qui, pour survivre, fait de la « recherche et développement » depuis 4 milliards d'années et peut nous aider à trouver les solutions et les procédés de demain.

Parmi les animaux qui développent nombre de ces « astuces », les fourmis arrivent en haut du hit-parade. Passionné par la nature dont il veut nous enseigner ses secrets, **Raphaël Gamand**, ingénieur agronome, a créé Insecto qui propose des ateliers d'apiculture et des animations dans les écoles. Pour nous expliquer la vie des fourmis et leur fameuse intelligence collective, il installera des vivariums pour nous permettre d'observer la vie d'une fourmilière.

Comment travailler avec des animaux, les observer en laboratoire tout en les respectant et en voulant défendre leurs droits ? Un dilemme éthique que connaît bien **Georges Chapouthier**, neurobiologiste et philosophe, sujet de son dernier ouvrage *Le Chercheur et la souris*. Il fera un point sur « les mille facettes de l'intelligence animale », utilisations d'outils, communications et langages, comportements moraux, choix esthétiques… révélées par les progrès de la neurobiologie et de l'éthologie, notamment chez les animaux qui possèdent un cerveau performant, vertébrés et mollusques comme les pieuvres.

Justement, nous écouterons l'un des spécialistes de ces mollusques étonnants, pieuvres, calmars, Seiches. **Ludovic Dickel**, professeur d'éthologie à l'université de Caen, nous parlera aussi du poulpe, animal qui mémorise, réfléchit, utilise des stratégies et a même été l'un des meilleurs pronostiqueurs lors de la Coupe du monde de football en 2010 !

Autre domaine plein de surprises : celui des oiseaux. L'éthologue **Agatha Liévin-Bazin** travaille au Laboratoire éthologie cognition développement de l'université de Paris-Nanterre et à l'Institut Max Planck d'ornithologie de Seewiesen, en Allemagne. Elle s'intéresse particulièrement à deux familles d'oiseaux superstars, les perroquets et les corbeaux, réputés pour leur intelligence comportementale et leur empathie.

Et parce que tout réside justement dans la relation à l'autre, que tout est lié, les hommes, les animaux, la nature, **Julie Garnier** nous expliquera pourquoi le rôle des femmes est essentiel pour sauver les animaux sauvages. Vétérinaire spécialisée dans la conservation de la santé des écosystèmes menacés, elle a vécu près de 20 ans en Afrique australe à créer et à gérer des réserves au Zimbabwe avec les Shangaan, puis au Mozambique avec les communautés Kimwani et Makonde. Aujourd'hui, elle développe un modèle de conservation holistique centré sur les femmes locales et autochtones, One Health avec les Femmes, à travers la fondation qu'elle a créée avec son mari, Odyssey Conservation Trust.

Trois jours de conférences avec aussi d'ateliers pour maîtriser ses émotions grâce aux chevaux avec **Cécile Gilbert Kawano**, mieux comprendre les chiens avec **Pierre Jouventin** ou découvrir la communication animale avec **Émilie Barnier**.

Toutes les infos sont sur le site **www.lanimalet lhomme.com**

# Bibliographie

BIGNE Yolaine de la (sous la direction), *L'Animal est-il l'avenir de l'homme ?*, Larousse, 2017.

GAGNON Anne-Claire, *Soyez chat !*, Larousse, 2018.

GAGNON Anne-Claire, *Ce chat qui a changé ma vie*, Larousse, 2015.

HERZFELD Chris, *Wattana : un orang-outan à Paris*, Payot, 2012.

HERZFELD Chris, *Petite histoire de grands singes*, Seuil, 2012.

JOUVENTIN Pierre, *L'homme, cet animal raté*, Libre et Solidaire, 2016.

JOUVENTIN Pierre, *Les Confessions d'un primate*, Belin, 2016.

JOUVENTIN Pierre, *Trois prédateurs dans un salon : une histoire du chat, du chien et de l'homme*, Belin, 2014.

JOUVENTIN Pierre, *Kamala, une louve dans ma famille*, Flammarion, 2012.

KRIEF Sabrina et Jean-Michel, *Les Chimpanzés des Monts de la Lune*, Belin, 2014.

PICQ Pascal, *Premiers hommes : la nouvelle histoire de nos origines*, Flammarion, 2016.

PICQ Pascal, *La Marche : sauver le nomade qui est en nous*, Autrement, 2015.

PICQ Pascal, *De Darwin à Lévi-Strauss : l'homme et la diversité en danger*, Odile Jacob, 2013.

PICQ Pascal, *L'homme est-il un grand singe politique ?*, Odile Jacob, 2011.

ROLLARD Christine, *Fascinantes araignées*, Quae, 2017.

ROLLARD Christine, *À la découverte des araignées*, Dunod, 2015.

ROLLARD Christine, *Arachna : les voyages d'une femme araignée*, Belin, 2011.

SÉRET Bernard, *Requins des Antilles*, SCITEP, 2018.

SÉRET Bernard, *Les Requins : les connaître pour les comprendre*, Le Lombard, 2016.

# Index

## A

abdomen 105
Abreu, Rosalia 173
accouplement 229
adaptation(s) 70, 97, 167, 192, 193, 213
Ades, César 111
adoption(s) 75
    interspécifiques 189
affût 121
Afrique du Sud 213
Agger, Luella Dorothy 173
agriculture biologique 49
alimentation 33
altruiste 85
ampoules de Lorenzini 209, 227
anges de mer 202
anthropomorphisme 70
anticipation 141
apprentissage(s) 196, 216
arachnophobes 105
araignée(s) 97
    loups 123
    -violon 120
argyronète 124
Association Help Congo 20
automédication 26, 37
autotomie 104

## B

babouins 46
*ballooning* 130
Belyaev, Dmitry 69
bergers 71
Berny, Philippe 50
Boitani, Luigi 84
Bondt, Jacob de 163
bonobo 16
Bové, José 88
braconnage 19
branchies 224
Brésil 204
bulbe(s) copulateur(s) 106, 125
Byrne, Richard W. 167

## C

Cambridge 161
Cameroun 169
camouflage 213
cannibales 125
caprices 183
Castanier, Paul 184
céphalothorax 105
cerveau 71, 150, 154, 206
champ(s) électrique(s) 210, 227
chasse 114, 139, 211, 212
chaton(s) 141, 148

chat(s) 72, 137
chélicères 105
cheval 11
chien 57
chimères 205
chimpanzé(s) 15, 16, 165, 169
chlorpyrifos 49
Clottes, Jean 78
cocons 128
cognition 167
colliers émetteurs 24
coltan 52
communauté 29, 103
communication 215
compassion 148
compréhension 153
conflit 68
Congo 20
Conkouati 21
contagion émotionnelle 153
créativité 166
crochet 100
Cuba 173
Cushier Raven, Henry 169

D

danger 87
« danse de la pluie » 32
Darwin, Charles 7, 60, 85, 164, 181
dauphins 211
DDT 49
déforestation 18
Demeneix, Barbara 51
denticules cutanés 226
dépression 189
Derrida, Jacques 160
devenir-humain 190
dingo 65
dispersion 131
dispositif de concentration de poissons 208
distance génétique 61
domestication(s) 58, 63, 73, 76
dominance 68
dressage 63
Dumas 141

E

Ebbinghaus, Hermann 151
échelle de Piaget 141
écogardes 21
éducation 51, 192
élasmobranche 225
électro-réception 209
éléphants 46
émotions 155, 162
empathie 166, 185
enfants sauvages 174
entraide 85
épeire 111, 113, 128
épouillage 31
esprit 166
éthologie 33
extinctions de masse 206
exuvie 104

F

famille 82, 173

fécondité 221
femelle dominante 211
Ferré, Léo 180
fils de la vierge 130
Fini, Jean-Baptiste 51
flexibilité 168
forêt tropicale 15, 53
Fouts, Roger 188

G

Gambie 188
Garcia, Michel-Alain 77
Gardner, Howard 159
Gaucho 50
génétique 57
gestion écologique 92
Gilbert-Kawano, Cécile 11
glyphosate 49
Goodall, Jane 12, 19, 29
gorille 16
grand(s)
  requin(s) blanc(s) 203, 212, 215, 219, 220
  singes 15, 163, 192, 195
grotte Chauvet 77
groupe 47
  social 175
Guinée française 176

H

habitat 208
habituation 29, 45
Hamilton, William 86
*handclasp* 31
Hayes, Keith J. 176
Heinroth, Oskar 75
herbicides 20
Héritier, Françoise 180
hiérarchie 76
Hinickle, Katherine 176
homme de Néandertal 78

I

imidaclopride 50
immunité 39
imprégnation sociale 75
intelligence 101, 159, 193, 206
interactions 46
intimité 80

J

Jamart, Aliette 21

K

Kellogg, Winthrop 173
Kibale 19
Köhler, Wolfgang 165, 178
Kohts, Nadia 165
Kropotkine, Pierre 86

L

La Réunion 204
langage 138, 215
  des signes 188
Le Toumelin, Yahne 156
Lemmon, William 187
Lenoir, Frédéric 153
Linné, Carl 63, 160, 223

Lorenz, Konrad 60, 75, 87
loup(s) 57, 213

M

malformations faciales 48
maternité 149
Mech, David 84
Megginson, Leon C. 193
Meier, Robin 11
mémoire 111
mémorisation 32
métabolites
    primaires 32
    secondaires 32
meute(s) 67, 75, 84, 87, 92, 213
migration 219
mimétisme 214
mise bas 148, 221
misumène variable 121
morphologie 105
moustaches 138
moustiques 39
mue 104
mutilations 51
mygales 99, 100, 115

N

nids 17, 42
Nissen, Henry 176
Noell, Bob 186
Noell, Mae 186

O

oies 75
olfaction 138
Ono-dit-Biot, Christophe 9
orang(s)-outan(s) 16, 164
organisations sociales 166
orphelinats 21
orphelins 166
Ouganda 19, 26
outils 30, 166, 171

P

pailona 203
Paley, William 7
paludisme 35, 38
parasites 32
parasitologie 33
parc
    de Yellowstone 90
    national de Kibale 26, 41
Pavlov 151
pédipalpes 105
Pepperberg, Irene 162
perturbateurs endocriniens 51
pesticides 20, 48
phéromones 216
phobies 8
phoques 212
pièges 44, 51, 112
pillages 49
plantes 32
    médicinales 32
Platon 193
poissons 50
polyandrie 127
polygamie 127
ponte 110, 127

prédateur(s) 59, 70, 131, 202
primatologie 165
protection 84
protéines 25
pseudo-scorpions 100
ptérygopodes 229

Q

quantités 146

R

Rabereau, Madeleine 180
raies 205
recluse 120
renard arctique 69
reproduction 76, 125, 214, 229
République démocratique du Congo 16, 52
requin(s) 201
- à peau bleue 202
- -baleine(s) 202, 205, 208
- blanc 209
- bordé(s) 203, 217
- -bouledogue(s) 204, 217
- -corail 210
- -crocodile 207
- de Port Jackson 217
- du Gange 204
- du Groenland 202, 203
- -lanternes 204, 214
- -lézard 204
- -lutin 204
- -marteaux 211, 218
- -marteaux halicornes 210
- -nourrices 218
- océanique 202
- plat-nez 213
- pointe noire 211
- pointes blanches 203
- -renards 209
- soyeux 202, 209
- -tapis 202
- -taureaux 210
- -tigre(s) 203, 213

Ricard, Matthieu 156
Romanes, George 164
roussettes 205
Ruwenzori 27

S

sanglier 66
santé 33
saponosides 36
scorpions 100
sédentarisation 73
sélection 60, 63
sensibilisation 48
Sloterdijk, Peter 8
soie 98, 109
soigner 26
squales-chagrins 203
stratèges 212
superprédateur 90
surexploitation 206
symbiose 15

T

tarentule 123
tégénaire 107, 113

télémétrie 24
Temerlin 187
test du miroir 154, 162
tétragnathes 113
thermorégulation 209
Thorndike 151
tiques 101
transect 43
transmission 166
tribu 212
*Trichilia rubescens* 34
Tulp, Nicolaes 163
Twain, Marc 82
Tyson, Edward 163

U

UICN 18
université
d'Oxford 86
Harvard 27, 159
ougandaise Makerere 37

V

veuves noires 117
vie sociale 80, 85
virus Ebola 19
vision 214

Y

Yerkes, Robert Mearns 165, 173, 176

Z

Zambèze 204
zoo 172
zoopharmacologie 26

Les Éditions Larousse utilisent des papiers composés de fibres naturelles, renouvelables, recyclables et fabriquées à partir de bois issus de forêts qui adoptent un système d'aménagement durable. En outre, les Éditions Larousse attendent de leurs fournisseurs de papier qu'ils s'inscrivent dans une démarche de certification environnementale reconnue.

PAPIER À BASE DE FIBRES CERTIFIÉES

LAROUSSE s'engage pour l'environnement en réduisant l'empreinte carbone de ses livres.
Celle de cet exemplaire est de :
750 g éq. $CO_2$
Rendez-vous sur
www.larousse-durable.fr

Imprimé en France par Jouve Imprimerie
Dépôt légal : mai 2018
321264/02 – 11040617 – décembre 2018
N° impression : 2816574M